評価規準作成から所見文例まで丸ごと分かる！

新3観点の指導と評価
パーフェクトガイド

水戸部 修治 編著

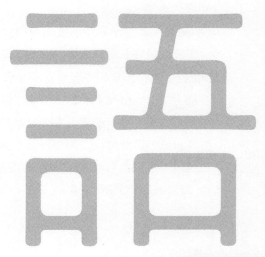

小学校 国語

明治図書

　学習評価を行うためには，目の前の子供たちの姿をつぶさに見極めていくことが必要です。また同時に，学習評価を自らの指導の在り方を確認し，再構築することにつなげていくことも求められます。すなわち学習評価を考えることは，子供の学びの在り方を具体的に考えることでもあります。また同時に，教師の指導の在り方を再検討する過程でもあるのです。

　例えば，ある教材文を場面ごとに詳細に読ませ，それをテストで評価するということは，従来からよく行われてきたことです。しかしそこでは，例えば低学年であれば「読書に親しみ，いろいろな本があることを知ること。」など〔知識及び技能〕に示された内容を様々な場面で使いこなす資質・能力は評価されてきたでしょうか。「場面の様子に着目して，登場人物の行動を具体的に想像すること。」など〔思考力，判断力，表現力等〕に示された内容を，自らの課題の解決に向けて，様々な本や文章を読む際にも駆使していく資質・能力が身に付いているのかどうかを評価してきたでしょうか。さらには，生涯にわたって読書を続けるといった「学びに向かう力・人間性等」の資質・能力を見据えた，主体的に学習に取り組む態度の評価は的確に行われてきたでしょうか。

　また反対に，近年，子供たちに付けたい力を見極め，学習指導の工夫改善を進めることにより，子供たちの姿がこれまでにないほど充実したものとなる状況も多くの地域や学校で見られるようになってきました。まさに「子供の姿こそ真実」を実感させるものでもあります。

　こうした現状における成果と課題を踏まえ，本書の Chapter 1 では，指導のねらいを明確に把握することを基点とする目標に準拠した評価を国語科でどのように進めるのかを明らかにしようとしています。また評価が，指導の改善のための大切なデータとなり，ひいては子供たちの学習の改善につながるようにするためのポイントともなることを解説しました。続いてChapter 2 では，学習指導要領の内容の(2)に示された言語活動を通して指導する際の評価規準の設定例を提案しています。さらにこの趣旨をより広く，多くの読者の皆様に伝えられるようChapter 3 では，全国の優れた実践者のご協力をいただき，学習評価の実践事例を掲載しました。加えて Chapter 4 においては，指導要録・通知表所見文例集を掲載しています。

　全国の数多くの，子供たちのために指導と評価の改善を進めたいと願う先生方と，本書を通じて「自分の学級ではこんな課題や実態があったから，このように付けたい力を明確にして授業に臨み，子供たちのこんな伸びが見られた」という指導と評価の具体の姿など，指導に生きる小学校国語科の学習評価のよりよい在り方を共有できることを切望しています。

CONTENTS

Chapter

2 すぐに役立つ！小学校国語科評価規準作成ガイド

Chapter

3 実録で分かる！できる！小学校国語科指導と評価プラン**12**

1 単元の指導目標

2 単元の評価規準

3 言語活動を通した指導と評価のポイント

4 単元の指導と評価の計画

5 指導と評価の実際

1 低学年 …34…

単元名：みんなで話をつなげよう

教　材：「そうだんにのってください」（光村図書）

Chapter

4 ずっと使える！小学校国語科
指導要録・通知表所見文例集

Chapter

1

小学校国語科
学習評価の考え方と
評価規準作成のポイント

1 評価の考え方

1　新しい国語の評価の考え方

　新学習指導要領における評価については，中央教育審議会初等中等教育分科会教育課程部会「児童生徒の学習評価の在り方について（報告）」（平成31年１月）（以下，「報告」）にその基本的な考え方が取りまとめられています。またこの「報告」を踏まえて，平成31年３月には「小学校，中学校，高等学校及び特別支援学校等における児童生徒の学習評価及び指導要録の改善等について（通知）」（以下，「通知」）が出されました。

①学習評価の基本的な枠組みと改善の方向性について

　「報告」には，「３．学習評価の基本的な枠組みと改善の方向性」として，大きくは次のようなことが述べられています。

(1)学習指導要領に定める目標に準拠した評価を実施すること。

(2)観点別評価については，各校種，各教科を通じて，「知識・技能」，「思考・判断・表現」，「主体的に学習に取り組む態度」の３観点に整理すること。

②学習評価の主な改善点について

　「通知」では，「１．学習評価についての基本的な考え方　(4)学習評価の改善の基本的な方向性」として，次の考え方が示されています。

(1)児童生徒の学習改善につながるものにしていくこと

(2)教師の指導改善につながるものにしていくこと

(3)これまで慣行として行われてきたことでも，必要性・妥当性が認められないものは見直していくこと

　さらに「２．学習評価の主な改善点について」において，小学校に関わることとして大きくは次のようなことが示されています。

(1)新学習指導要領の三つの柱の「知識及び技能」，「思考力，判断力，表現力等」，「学びに向かう力，人間性等」の下での指導と評価の一体化を推進する観点から，観点別学習状況の評価の観点についても，「知識・技能」，「思考・判断・表現」，「主体的に学習に取り組む態度」の３観点に整理したこと。その際，「学びに向かう力，人間性等」については，「主体的に学習に取り組む態度」として観点別学習状況の評価を通じて見取ることができる部分と観点別学習状況の評価にはなじまず，個人内評価等を通じて見取る部分があることに留意する必要があること。

(2)「主体的に学習に取り組む態度」については，各教科等の観点の趣旨に照らし，知識及び技

能を獲得したり，思考力，判断力，表現力等を身に付けたりすることに向けた粘り強い取組の中で，自らの学習を調整しようとしているかどうかを含めて評価することとしたこと。

(3)学習評価の結果の活用に際しては，観点別学習状況の評価と評定の双方の特長を踏まえつつ，その後の指導の改善等を図ることが重要であること。

2 評価に当たって大切にしていくこと

①子供のよさを伸ばす評価の推進

前掲の「通知」に「(1)児童生徒の学習改善につながるものにしていくこと」が指摘されているように，評価は子供たちをよりよく育むためのものとなることが重要です。いかに正確に評価できたとしてもそれ自体が目的となってしまっては評価の役割を十分に果たしたことにはならないでしょう。子供たちが課題の解決に向かって進んでいく中で，適切に評価が行われ，自分自身のよさを自覚したり，さらに伸びるためにどのようなことに取り組めばよいのかを見通したりすることが大切になるのです。

②教師の授業改善につながる評価の推進

「通知」では，「(2)教師の指導改善につながるものにしていくこと」も指摘されています。前項のように子供のよさを伸ばす評価は，担任教師であれば誰しもが実現したいと考えているものでしょう。その実現のためにも，評価が授業改善に機能するものとなることがとても大切になるのです。

そのため，評価の改善を考える上では，授業改善を進めることが重要な要素となります。授業改善が進まない中で評価だけ変えようとしてもなかなかうまくいきません。例えば「主体的に学習に取り組む態度」を評価する場合，指導においては子供たちが単元の指導のねらいに向かって主体的に学習に取り組みたくなるような手立てを様々に工夫することで，伸びていく子供たちの姿が表れやすくなります。授業改善を進めることで，子供たちがそのよさを発揮しながら資質・能力を身に付けていく姿がたくさん表れれば，評価もよりよいものになっていくわけです。

こうした授業改善に機能する評価を行うためのポイントとして，次のようなことが挙げられます。

○単元の指導のねらいを見極め，目標に準拠した評価を推進する。

○目標を実現するための，子供たちがよさを発揮しながら取り組める言語活動を位置付け，評価場面を効果的に設定する。

○学校全体で授業研究等と関連付けるなどして授業改善を通した評価の在り方について研修を進め，共通理解を図る。

2 評価の留意点

1 目標に準拠した評価の推進

前掲の「報告」に「(1)学習指導要領に定める目標に準拠した評価を実施すること。」とあるように，これまで同様，目標に準拠した評価を推進していくこととなります。評価の観点の枠組みは変わりますが，学習指導要領に定める目標に準拠して評価規準を作成し，評価を行っていくことに変わりはありません。

新学習指導要領においては，教科目標は次のように示されています。

○言葉による見方・考え方を働かせ，言語活動を通して，国語で正確に理解し適切に表現する資質・能力を次のとおり育成することを目指す。（以下略）

この教科目標に基づき，2学年のまとまりで学年目標と内容が示されています。このように，教科目標は6年間，学年目標は2年間を見通したものとして大きなくくりで設定されていることから，単元において目標に準拠した評価を確実に行うためには，各学年の内容，つまり指導事項等を具体的に押さえた評価を行う必要があります。

すなわち単元の評価を行うことについて考えた場合，あくまでも当該単元で取り上げて指導する学習指導要領の指導事項等を踏まえて単元の指導目標と単元の評価規準を具体的に設定することとなります。

その際，国語科においては，次のような点が重要になります。

○教材や学習活動に基づく評価ではなく，指導事項等に基づいて指導し，評価する。
○子供一人一人が，育成を目指す資質・能力を身に付けているかどうかを評価する。
○育成を目指す資質・能力を評価し，指導の改善に生かせる評価方法を工夫する。

「読むこと」の指導と評価を例に考えてみると，ある教材文の内容が「読めたかどうか」を見取るだけでは目標に準拠した評価は十分ではありません。また，学級全体では一見活発な意見が出され，深く読み取れているように思えても，一人一人の子供の学習状況はどうなのかを把握する必要があります。その際，ペーパーテストで評価する場合も，それが評価規準を適切に反映した内容かを吟味したり，評価結果を授業改善に生かしたりすることが不可欠です。

2 言語活動を通して指導したことを評価する

国語科において，例えば「思考・判断・表現」の観点の評価を進める際，まず重要になるのは，前項で述べたように，当該単元では〔思考力，判断力，表現力等〕のどの指導事項を取り上げて指導するのか，そしてその指導事項の趣旨はどのようなものかを確認することです。指導事項とは無関係に，思考力等を漠然と捉えて抽象的に評価したり，特定の思考スキルの定着

状況をテストしたりするのではない点に注意しましょう。例えば第3学年及び第4学年の〔思考力，判断力，表現力等〕「Ａ　話すこと・聞くこと」の指導事項には，聞くことに関する指導事項として次の事項が示されています。（傍線は筆者。以下同じ。）

　　エ　<u>必要なことを記録したり質問したりしながら聞き</u>，話し手が伝えたいことや<u>自分が聞きたいことの中心を捉え</u>，自分の考えをもつこと。

　この指導事項の実現状況を評価するにはどうしたらよいでしょうか。ＣＤなどで話を聞かせ，正確に聞き取れているかどうかで評価することがあります。これだけで評価は可能でしょうか。

　エの指導事項では，単に話の内容を無目的に記録して聞かせるのではなく，「必要なことを」聞くことを求めています。つまり何らかの目的の下，何を聞くのかを子供自身が思考，判断する必要があるのです。「記録したり質問したり」する場合も，話の全てをやみくもに書き留めようとしたり，型通りに質問し続けたりすることをねらうわけではありません。やはり聞く必要があると判断したことを記録したり，どう質問すれば必要なことを聞けるのかを思考したりすることが求められます。またこの指導事項では，「話し手が伝えたいこと」のみならず，「自分が聞きたいことの中心を捉え」て聞き，さらに「自分の考えをもつ」という，より能動的な思考や判断，表現を育む内容となっていることが分かります。こうした能力を確実に指導し，評価するためにはどうすればよいのでしょうか。

　国語科は，その教科目標に示す通り，「言語活動を通して」資質・能力の育成を目指す教科です。「思考・判断・表現」の観点の評価を行う際も，言語活動を通して指導し，子供一人一人の思考や判断を顕在化させ，的確に評価を進める必要があります。そこで学習指導要領に示す，次のような言語活動例を子供の実態に応じて工夫して位置付けることが有効になります。

　　イ　質問するなどして情報を集めたり，それらを発表したりする活動。

　大阪府のある小学校の教師は，当初前項のエの指導事項を，子供たちにスピーチを行わせて，その内容を聞き取ったり質問させたりすることで指導し，評価する構想を立てました。しかし学級の子供たちの実態を踏まえると，その構想では先に挙げたような能動的な思考や判断を伴う聞く能力を指導したり，一人一人の状況を見取ったりすることが難しいと考えました。そこで，単元に位置付ける言語活動を「学校の先生方の，子供時代のヒミツを聞き出して，みんなに紹介しよう」といった魅力的なものに設定し直したのです。その結果，子供たちはこれまで以上に張り切って学習に臨み，「自分が聞きたいことの中心を捉え」て聞き，先生から聞き出した紹介したいヒミツをはっきりさせて「自分の考え」を明確にもつことができました。評価の改善は，子供たちの学習状況の改善とそれを確実に進める指導の改善を推進する原動力ともなるものであることがよく分かります。また同時に，言語活動を明確に位置付けて授業改善を進めることにより，評価も一層その機能を十全に果たすものとなっていくことが分かる実践事例です。

3 評価の観点の考え方

1 学習指導要領の構造と観点別学習状況評価の対応

前述の通り「知識・技能」,「思考・判断・表現」,「主体的に学習に取り組む態度」の三つの観点で観点別学習状況の評価を進めることとなります。ただし,単元の一つ一つの評価規準は,当該単元で指導する具体的な指導事項等に基づいて設定することとなる点に注意が必要です。この点については現行と変わりはありません。国語科においては,次のように考えることができるでしょう。

①「知識・技能」の観点

〔知識及び技能〕に示す事項について指導し評価した結果は,「知識・技能」の観点で総括。

②「思考・判断・表現」の観点

〔思考力,判断力,表現力等〕の「A 話すこと・聞くこと」,「B 書くこと」,「C 読むこと」に示す指導事項について指導し評価した結果は「思考・判断・表現」の観点で総括。

③「主体的に学習に取り組む態度」の観点

「主体的に学習に取り組む態度」については,資質・能力の柱の一つである「学びに向かう力,人間性等」のうち,観点別評価を通じて見取ることができる部分について評価。

2 各観点の評価の考え方

①「知識・技能」

「知識・技能」の評価というと,漢字や文法のテストによって行うというイメージがあるかもしれません。しかし漢字テストでは書けても,日常生活で文章を書く際にはなかなか漢字を使わないという子供が見られることはないでしょうか。こうした子供はどのように評価すればよいのでしょう。まず,指導事項等を見てみましょう。漢字の書きは,中・高学年では〔知識及び技能〕(1)のエの後段に「当該学年の前の学年までに配当されている漢字を書き,文や文章の中で使うとともに,当該学年に配当されている漢字を漸次書き,文や文章の中で使うこと。」と示されています。(低学年も基本的には同趣旨。)つまり,漢字を単体として暗記するにとどまらず,「文や文章の中で使う」ことができるように指導し,評価することとなるのです。

　続いて「報告」に示された「知識・技能」の観点の趣旨を見てみましょう。

○「知識・技能」の評価は,各教科等における学習の過程を通した知識及び技能の習得状況について評価を行うとともに,(中略)他の学習や生活の場面でも活用できる程度に概念等を理解したり,技能を習得したりしているかについて評価するものである。

　つまり,前述のような日常的には漢字を使わない子供に対しては,例えば「手紙を書く過程

で相手に思いや願いを伝えるために必要な漢字を学び，その漢字を使って手紙を書く」など，学習指導を一層工夫して評価することが大切になります。

②「思考・判断・表現」

　この観点の評価も，指導事項を見てみましょう。例えば第3学年及び第4学年の「C　読むこと」には，「ウ　目的を意識して，中心となる語や文を見付けて要約すること。」があります。

　要約の指導を行う際，「筆者の言いたい大事な言葉に線を引きましょう。」などと指示をすることがありますが，読めば読むほど線だらけになってしまうことはないでしょうか。また何とか教材文は要約させられても，他の文章では要約できないといったことはないでしょうか。こうした状況では評価の前に改善を要することがありそうです。

　そこで再び「報告」を見てみましょう。

○「思考・判断・表現」の評価は，各教科等の知識及び技能を活用して課題を解決する等のために必要な思考力，判断力，表現力等を身に付けているかどうかを評価するものである。

○具体的な評価方法としては，ペーパーテストのみならず，論述やレポートの作成，発表，グループでの話合い，作品の制作や表現等の多様な活動を取り入れたり（中略），するなど評価方法を工夫することが考えられる。

　つまり無目的に要約させるのではなく，指導事項にある通り子供自身が要約する「目的を意識して」文章を要約できるようにすることが必要なのです。その際「報告」の例示を借りれば，資料を読んで興味をもったことやそれに対する考えを「論述やレポート」にまとめるために，といった目的を意識して要約できるようにし，その実現状況を評価することが考えられます。その際，「目的」が子供たちにとって解決したい課題であればあるほど指導と評価の改善に生きてきます。

③「主体的に学習に取り組む態度」

　この観点の評価に当たっては，挙手の回数やノートの取り方などで評価してしまいがちであることも指摘されています。その原因は何でしょうか。ねらいを実現する上で，子供たちが主体的に学習に取り組めるような指導の手立てが取られているかどうかが大きな分かれ目になるでしょう。時間に追われたりしていると，「これを教えねば」，「ここをこう読み取らせねば」といった思いが強くなりがちですが，そういう時ほど子供たちの心が学びから離れがちです。そのような時は，「報告」にある，次の指摘を大事にしたいものです。

○「主体的に学習に取り組む態度」の評価とそれに基づく学習や指導の改善を考える際には，生涯にわたり学習する基盤を培う視点をもつことが重要である。

4 評価規準の作成ステップ

1 目標に準拠した評価規準設定の手順

①年間指導計画の確認

　目標に準拠した評価の前提となる指導目標を的確に設定するため，まず当該単元ではどの指導事項等を指導するのかを明確に把握します。そこで年間指導計画を確認し，子供たちの実態に照らして取り上げる指導事項等を確かめたり，変更する必要の有無を検討したりします。

②指導事項の趣旨の確認

　指導事項が確定したら，その趣旨を確認してみましょう。例えば第1学年及び第2学年〔思考力，判断力，表現力等〕「C　読むこと」には，「ウ　文章の中の重要な語や文を考えて選び出すこと。」があります。

　この「考えて選び出す」とはどのような趣旨でしょうか。これを確認するために，『小学校学習指導要領（平成29年告示）解説　国語編』（以下，『解説国語編』）に当たってみましょう。

　「考えて選び出すとは，例えば，『書き手が伝えたいことは何かを考える』，『自分が知るべきことについて詳しく知る』といったことを意識しながら，重要だと考えられる語や文を文章の中から見付けることである。」(p.71)

　すなわち，子供自身が何のために読んでいるのかをしっかり意識して，重要だと考えられる語や文を子供自身が思考・判断して見付けることを意味するものであることが分かります。さらに『解説国語編』では，「文章の中の重要な語や文」は，「読み手として必要な情報を適切に見付ける上で重要になる語や文など」でもあることが述べられています。こうしたことから，この指導事項は単に教師が捉えさせたい重要語句を言い当てることを意味しているのではないことが分かるでしょう。

③指導の重点の確定

　指導事項の中には，複数の内容を併せ持つものがあります。例えば第3学年及び第4学年〔思考力，判断力，表現力等〕「C　読むこと」には，「エ　登場人物の気持ちの変化や性格，情景について，場面の移り変わりと結び付けて具体的に想像すること。」があります。

　この指導事項を指導する場合，「気持ちの変化」に重点を置く場合もあれば「登場人物の性格」に重点を置く場合もあり，さらにはそれらを統合して読むことをねらう場合もあります。文学の読みは本来は総合的なものですが，指導する際には重点を置いて指導することが当然考えられます。どこに重点を置くのかについては，2学年間を見通した指導計画の基に判断します。例えば，第3学年のうちは「気持ちの変化」に重点を置く単元，「登場人物の性格」や

「情景」に重点を置く単元を配列し，第４学年ではそれらを使いこなして読む単元を配列するといったカリキュラム上の系統的な指導の工夫も重要になるわけです。そのため，同じ指導事項を基にする場合でも，指導の重点によって評価規準の設定の有り様は異なる場合が出てきます。

④各観点の評価規準の設定

　続いて，観点別に評価規準を設定します。一つの単元で複数の指導事項等を取り上げて指導する場合，事項ごとに対応させてそれぞれの評価規準を設定することが基本となるでしょう。

　「知識・技能」，「思考・判断・表現」の観点はこの手順で設定することができますが，「主体的に学習に取り組む態度」についてはどうすればよいのでしょうか。

　「通知」では，「各教科等の観点の趣旨に照らし，知識及び技能を獲得したり，思考力，判断力，表現力等を身に付けたりすることに向けた粘り強い取組の中で，自らの学習を調整しようとしているかどうかを含めて評価することとしたこと」と述べられています。下線部については，例えば単元のめあてに向かって思いや願いを具体化させたり，学習過程での現状を振り返って今後さらにどのようにゴールに向かっていくかを考えようとしたりする姿が描けるでしょう。こうした主体的に学習に取り組む態度を重視した評価規準設定の工夫により，指導に生きる評価を推進することが大切になります。

2　評価規準の精度の向上

　指導のねらいを踏まえた的確な評価規準を設定するのはたやすいことではありません。しかしこうしたステップを踏んで指導と評価を繰り返すことで評価規準の精度も高まっていきます。

　例えば実際の指導においては，初めて設定した評価規準ではうまく評価できない場合が出てくることも考えられます。前掲の第３学年及び第４学年「Ｃ　読むこと」エの指導事項で「登場人物の性格」を具体的に想像することを指導し，評価する場合について考えてみましょう。

　指導事項に基づき，「登場人物の性格について，場面の移り変わりと結び付けて具体的に想像している。」と評価規準を設定したものの，「場面の移り変わりと結び付けて具体的に想像」するとはどんな姿か判然とせず，評価しにくいといったケースです。『解説国語編』には，「一つの叙述だけではなく，複数の叙述を根拠にすることで，より具体的に登場人物の性格を思い描くことができる」と述べられています。指導の結果，子供の状況としてうまく複数の叙述を結び付けて性格を想像している様子が見られた場合などは，次の「登場人物の性格を具体的に想像する」ことをねらう単元では，そうした姿が一層多くの子供たちに見られるよう，評価規準をより精緻に設定し，指導の手立てを工夫していくことができるでしょう。そうした２学年間を見通したスパイラルな指導と評価の質的な高まりを目指すことが重要になるのです。

5 授業における評価方法

1 指導のねらいと学習過程に応じた評価方法の工夫

①学習過程に応じた「思考・判断・表現」の評価方法の工夫

　例えば「書くこと」や「話すこと・聞くこと」のスピーチの学習では，最終的な作品等だけで評価してしまうことがあります。目標に準拠した評価を進めるためには，単元の指導のねらいに応じた学習過程を生かすことが重要になります。「書くこと」であれば，「課題設定―取材―構成―記述―推敲―共有」といった学習過程を行きつ戻りつしながら学習が進んでいきます。例えば第5学年及び第6学年の「B　書くこと」の構成に関する指導事項「イ　筋道の通った文章となるように，文章全体の構成や展開を考えること。」を評価する場合の通常の評価方法として，構成メモの記述内容を用いることが考えられます。その際，単に文章構成を考えている状況を評価するのではなく，「筋道の通った文章となるように」するための構成や展開をどのように工夫しているのかを子供が説明できるようになっていることが，目指す子供の姿として描けることでしょう。そうすると構成メモにも，どのような意図でその構成にしたのか，文章全体の論の展開をどのように工夫したのかなどを記述する場所を位置付け，その記述と構成メモを基に評価することが考えられます。児童数が少ない学級であれば，構成や展開の意図については，口頭で説明する機会を設定してもよいでしょう。

②「知識・技能」の評価場面の工夫

　〔知識及び技能〕は，学習指導要領の「第3　指導計画の作成と内容の取扱い」でも，「〔思考力，判断力，表現力等〕に示す事項の指導を通して指導することを基本」とすることが示されています。例えば第3学年及び第4学年の(2)「ア　考えとそれを支える理由や事例，全体と中心など情報と情報との関係について理解すること。」のうち，「考えとそれを支える理由や事例との関係について理解すること」を指導し評価する場合を考えてみましょう。子供の状況として，理由や事例は文章中に入れているものの，それが考えを支えるものとなっていないことがあります。書くことにおける情報の収集や構成の検討の学習を進める中で，「たくさん情報は集まったけれど，どれが自分の考えを支える事例なのだろうか」といったことを考える際に，「考えとそれを支える理由や事例との関係」が実感をもって理解されることでしょう。評価場面を工夫することで評価がより行いやすく，効果を伴ったものとなります。

③「主体的に学習に取り組む態度」の評価のポイント

　指導がなければ評価もできません。子供たち，とりわけ国語が苦手な子供たちも単元の学習に向かって「主体的に学習に取り組む態度」を十分発揮できるような指導の手立てを緻密に構

築することが重要です。子供たちが自らの学習を調整しようとする姿を実現するためには，単に指示された通りに手順をこなすような学習ではなく，子供自らが見通しをもち，ゴールに向かって自律的に進んでいけるような学習過程の構築が重要になります。また「主体的に学習に取り組む態度」としての粘り強い取組を可能にするためには，子供たちが試行錯誤を重ねたり，獲得した国語の能力を生かしたりする，螺旋的・反復的な学習の場が重要になります。さらにこの観点の評価を的確に行うためには，子供たちの姿をつぶさに見極めていく目が必要になります。「うちの学級の子には無理だから」と決め付けるのではなく，主体的に学習に取り組めるような授業改善を行う中で，たとえ小さなことでも，子供たちの主体的な姿を見出し，それを次の学習でさらに引き出そうとする教師の取組が一層重要になります。

2 言語活動を生かした評価方法の工夫

①資質・能力を顕在化する言語活動の工夫

　国語科は言語活動を通して指導する教科ですから，評価においても言語活動を通して指導し，評価することが重要になります。その際，当該単元に位置付ける言語活動が，指導事項等を指導するためにふさわしいものであることが大前提となります。指導のねらいときちんと結び付く言語活動を通すことによって，子供の学びを顕在化させ，適切で有効な評価材料として活用することが可能となります。すなわち，言語活動とは別に評価を行うのではなく，評価をより確かなものにするためにも言語活動を生かすこととなるのです。

　「主体的に学習に取り組む態度」の評価を進める際にも言語活動を通した指導が重要です。国語科においては，子供たちにとって「どうしても解決したい」と実感できるような魅力ある言語活動の工夫が極めて有効です。例えば教材文を与えただけでは読む目的を実感できない子供や，主体的に学習に取り組めるようにするために緻密な支援を要する子供たちがいることも念頭に置き，質の高い言語活動を位置付ける必要があります。「自らの学習を調整しようとしている」姿を引き出すためには，その場その場で指示された通りに学ぶことにとどまらず，単元のゴールとそこに至る道筋を自覚して学べるようにする必要があります。言語活動のモデルやそこに至るための単元の学習計画の示し方を工夫することで，「ゴールまでに〇時間あるから，今日はこれを頑張ろう」といった意識を引き出すことができます。

②学びの成果の蓄積と活用

　言語活動の成果物や，子供たちが書き貯めたワークシートなどの資料は，ファイルするなどして蓄積して活用することが有効です。言語活動の成果物などは，学びの実感につながるだけでなく，次の学習をより主体的に取り組む姿にもつながっていきます。さらに保護者への評価についての説明責任を果たす際にも有効なものとなります。　　　　　　　　　（水戸部　修治）

Chapter

2

すぐに役立つ！
小学校国語科
評価規準作成ガイド

1 　評価規準設定のポイントとそのバリエーション

1 　実効性のある評価規準設定の工夫

　評価規準は当該単元の指導事項等を基に設定することが大原則です。ただし学習指導要領が大綱的な基準を示していることに加え，国語科の指導事項等は2学年間を通して育む資質・能力を示したものであるため，指導事項等をそのまま用いた形では評価しにくい場合は，より実効性のある評価規準を工夫して設定することも可能です。特に国語科では，算数科や社会科と異なり，一つの指導事項等を2学年間で何度も繰り返し取り上げて指導しますので，こうした工夫が有効になるのです。

2 　評価規準設定の工夫とそのバリエーション

①単元の評価規準と指導過程における具体の評価規準，本時の評価

　単元の評価においては，単元の評価規準がそのまま指導過程における具体の評価規準や本時の評価となる場合もありますが，指導事項の趣旨をより明確にしたり，単元の指導のねらいを具体化したりして，より評価しやすい評価規準の設定を工夫することも有効です。一般に，単元の評価規準→指導過程における具体の評価規準→本時の評価と進むにつれて，評価規準がブレイクダウンされて指導事項等に示す資質・能力をより鮮明にしていくことが考えられます。その際，それぞれの評価規準がどの指導事項等に対応するものかを付記しておくなどして，ずれが生じるのを防ぐことが大切になります。

②指導事項の重点化を図った評価規準設定の工夫

　指導事項の中には，複数の内容を併せ持つものがあります。典型的な例としては，第5学年及び第6学年〔思考力，判断力，表現力等〕「B　書くこと」の「ウ　目的や意図に応じて簡単に書いたり詳しく書いたりするとともに，事実と感想，意見とを区別して書いたりするなど，自分の考えが伝わるように書き表し方を工夫すること。」のように，「〜とともに」といった文言が用いられている場合などが挙げられます。また「〜たり〜たりすること」といった場合も同様です。この他にも例えば「A　話すこと・聞くこと」，「B　書くこと」の各学年のアの指導事項は，話題や題材の設定に関する資質・能力と，情報収集に関する資質・能力とが併記される構造になっています。こうした指導事項は，一つの単元で指導事項に示す資質・能力全体を指導する場合がある一方で，いずれかに重点化して指導する場合も出てきます。その場合，評価規準を当該単元の指導目標に応じて重点化して設定することが考えられるのです。

③指導事項の趣旨の補足を図る評価規準設定の工夫

　第3学年及び第4学年〔思考力，判断力，表現力等〕「C　読むこと」の「エ　登場人物の気持ちの変化や性格，情景について，場面の移り変わりと結び付けて具体的に想像すること。」を指導する際，特に「登場人物の気持ちの変化について具体的に想像している」といった評価規準を設定する場合について考えてみましょう。その場合指導としては，「気持ちが変化するところについて想像してみましょう」といった指示になるかもしれません。しかしこのような指示では，子供たちがなかなか学びを進められない状況が散見されます。『解説国語編』に「登場人物の気持ちは，場面の移り変わりの中で揺れ動いて描かれることが多い。」とあるように，例えば主人公の気持ちは絶えず変化し続けていることも多く，どの変化を捉えればよいのか判断がつきにくくなるからです。そこでさらに『解説国語編』に当たってみると「複数の場面の叙述を結び付けながら，気持ちの変化を見いだして想像していく必要がある。」と指摘していることが分かります。こうした指導事項の趣旨を評価規準に反映させる工夫も有効になります。

④指導事項の趣旨の具体化を図る評価規準設定の工夫

　指導事項には「など」という文言がよく見られます。第3学年及び第4学年〔思考力，判断力，表現力等〕「A　話すこと・聞くこと」では，「オ　目的や進め方を確認し，司会などの役割を果たしながら話し合い，互いの意見の共通点に着目して，考えをまとめること。」があります。この指導事項について『解説国語編』では，「司会者，提案者，参加者などは，それぞれの役割を理解し，（中略）話合いを進めるようにすることが重要である。」と述べており，「など」には，司会者の他，提案者や参加者などが想定されていることが分かります。こうした趣旨を踏まえて，より精緻に評価規準を設定する工夫も有効になります。

　また，指導事項には「目的」という文言も多く見られます。例えば第5学年及び第6学年「C読むこと」の「ウ　目的に応じて，文章と図表などを結び付けるなどして必要な情報を見付けたり，論の進め方について考えたりすること。」などです。これも『解説国語編』では，「目的に応じて，必要な情報を見付けるとは，書き手の述べたいことを知るために読む，読み手の知りたいことを調べるために読む，知的欲求を満たすために読む，自分の表現に生かすために読むなどの目的に応じて，文章の中から必要な情報を取捨選択したり，整理したり，再構成したりすることである。必要な情報は，目的に応じて変わるため，読む目的を明確にすること。」と述べており，読む目的を多様に例示した上で読む目的の明確化が重要であることを指摘していることが分かります。こうした趣旨を踏まえた単元構想の工夫として子供たちにとっての解決を目指す課題となる言語活動を設定し，それを読む目的とすることが考えられるわけです。そのため，評価規準の設定においても，「目的に応じて」といった文言をより具体的な目的として書き出すことで，指導事項の趣旨を緻密に具体化し，指導に生きる評価規準にする工夫も考えられるのです。

⑤評価規準の設定例の例示に当たって

　前項までのことを踏まえ，次項では，評価規準の設定例を示しました。その特徴や活用の際の留意点として次のことが挙げられます。

□国語科が「言語活動を通して」資質・能力の育成を目指す教科であることから，小学校学習指導要領・国語の内容(2)に示す言語活動例ごとに，評価規準を3観点で例示しました。また，当該の言語活動を行う一連の過程ができるだけ具体的に見えるように示しました。この示し方は，筆者が担当官として参加し，国立教育政策研究所が平成23年11月に公表している『評価規準の作成，評価方法等の工夫改善のための参考資料【小学校国語】』における，国語の「評価規準の設定例」の示し方を参考にしたものです。

□評価規準の設定例の例示に当たっては，『小学校学習指導要領（平成29年告示）解説　国語編』の記述を援用しつつ，小学校学習指導要領・国語の内容(1)に示す事項の本来的な趣旨を踏まえたものとなるよう努めました。

□紙幅の都合上，典型的なもののみ例示する形となっています。一つの言語活動例に示した評価規準の設定例以外にも，取り上げる指導事項等によっては別の評価規準を設定することは当然考えられます。また「知識・技能」についてはできるだけ多様な事項に対応する評価規準の設定例を示しましたが，やはり紙幅が限られているため全ての事項には対応していません。

□活用に当たっては，具体の単元の指導目標，言語活動や子供の実態等を踏まえて，適宜加筆修正しながら用いてください。

---

1 「話すこと・聞くこと」の単元の評価規準の設定例

知識・技能	思考・判断・表現	主体的に学習に取り組む態度
ア　紹介や説明，報告など伝えたいことを話したり，それらを聞いて声に出して確かめたり感想を述べたりする活動。		
・音節と文字との関係，アクセントによる語の意味の違いなどに気付いている。　　((1)イ) ・姿勢や口形，発声や発音に注意して話している。　　((1)イ)	・身の回りの人や身近な物事について，紹介したり説明したり報告したりしたいことを想起し，伝えたい思いの強さなどを手掛かりにして話題を決めている。（Aア） ・話題を伝える材料について，伝え合うために必要な事柄かどうかを考えて選んでいる。（Aア） ・聞き手に伝わるかどうかを想像しながら，行動などの時間的な順序や手順，紹介したり説明したりする事柄の順序などを考えている。（Aイ） ・何を伝えたいのかを意識して，聞き手の人数などに応じた声の大きさや速さで話している。（Aウ） ・話し手が知らせたいことや自分が聞きたい大事なこと，知りたいことなどを落とさないように集中して聞き，話の内容を捉えて感想をもっている。（Aエ）	・伝えたい話題をよく考えて選ぼうとしたり，どのような材料がふさわしいかを何度も考えたりしようとしている。 ・相手に自分の思いが伝わるよう質問や問いかけに応じて繰り返し話そうとしている。
イ　尋ねたり応答したりするなどして，少人数で話し合う活動。		
・丁寧な言葉と普通の言葉との違いに気を付けて話している。((1)キ)	・身近なことや経験したことから話し合いたい話題を決め，自分が話したり聞いたりしたいことを具体的にもっている。（Aア） ・互いの話に関心をもち，相手の発言を聞いて尋ねたり，復唱して確かめたり感想を述べたりしている。（Aオ）	・もっと聞いてみたいという思いをもって聞き，感じたことなどを相手に返そうとしている。

参考：国立教育政策研究所『評価規準の作成，評価方法等の工夫改善のための参考資料【小学校　国語】』2011

2 「書くこと」の単元の評価規準の設定例

知識・技能	思考・判断・表現	主体的に学習に取り組む態度
ア　身近なことや経験したことを報告したり，観察したことを記録したりするなど，見聞きしたことを書く活動。		
・言葉には事物の内容を表す働きや経験したことを伝える働きがあることに気付いている。 （(1)ア） ・身近なことを表す語句の量を増し，文章の中で使い，語彙を豊かにしている。（(1)オ） ・観察記録文を書くことを通し，共通，相違，事柄の順序など情報と情報との関係を理解している。（(2)ア）	・学校や家庭で経験したことの中から，報告したい事柄を見付けたり選んだりしている。（Ｂア） ・経験の内容や感じたことなど，書く材料を集めたり，報告するために必要かを確かめたりして伝えたいことを明確にしている。（Ｂア） ・報告したいことが明確になるように，「どんな経験を報告するのか，経験の内容，感じたこと」などの構成を事柄の順序に沿って考えている。 （Ｂイ） ・報告文を読んだ感想を伝え合い，自分の文章の内容や表現のよいところを見付けている。（Ｂオ） ・観察したことや分かったことなどを，その場で短い語句や文で書き出している。（Ｂア） ・観察対象の様子や場所，時間の経過などが分かるように，順序や時間の経過が分かる言葉や色，大きさ，形状などの描写を用いるなどして書き表し方を工夫している。（Ｂウ）	・書きたい思いを十分に膨らませ，経験したり感じたりしたことを言葉にしたり，伝えたいことに合う材料かをよく確かめたりしようとしている。 ・観察対象の様子や動きにぴったり合う言葉を用いて書き表そうとしている。
イ　日記や手紙を書くなど，思ったことや伝えたいことを書く活動。		
・姿勢や筆記具の持ち方を正しくして書いている。 （(3)ウ(ア)）	・相手に自分の思いが伝わるように，書いた手紙を読み返し，間違いを正したり語と語や文と文との続き方を確かめたりして，読み返す習慣を付けている。（Ｂエ）	・思いが伝わるように，言葉を選んで書こうとしている。
ウ　簡単な物語をつくるなど，感じたことや想像したことを書く活動。		
・文の中の主語と述語との関係に気付いている。（(1)カ）	・絵などを見て想像を膨らませながら，物語の楽しさが伝わるように，時間や事柄の順序に沿って筋を考えている。（Ｂイ）	・進んで創造的に書こうとしている。

3 「読むこと」の単元の評価規準の設定例

知識・技能	思考・判断・表現	主体的に学習に取り組む態度
ア　事物の仕組みを説明した文章などを読み，分かったことや考えたことを述べる活動。		
・色々な本に触れ，読書に親しんでいる。((3)エ) ・言葉には意味による語句のまとまりがあることに気付き，語彙を豊かにしている。((1)オ)	・驚いたことや初めて知ったことを文章から見付けるために，色々な本や文章について，何がどのような順序で書かれているかなどを考えながら文章を大づかみに捉えている。（Cア） ・興味をもった本や文章を見付けて読み，働きや造り，できることや成長過程などについてすごいと思ったことやそのわけを説明する上で重要な語や文を考えて選び出している。（Cウ）	・色々な本や図鑑を読み，驚いたことなどを説明することに向けて見通しをもとうとしている。
イ　読み聞かせを聞いたり物語などを読んだりして，内容や感想などを伝え合ったり，演じたりする活動。		
・色々な本を読むことを通して物語の世界を楽しみ，読書に親しんでいる。((3)エ) ・大好きな場面について語のまとまりや言葉の響きなどに気を付けて音読している。((1)ク)	・紹介する物語を選ぶために，色々な物語を読み，挿絵なども手掛かりに「誰が，どうして，どうなったか」など，内容の大体を捉えている。（Cイ） ・物語を紹介するために作品を選び，好きな場面の様子に着目して，登場人物の言動を具体的に想像し，好きなわけを考えている。（Cエ） ・物語を紹介するために，文章の内容と自分の体験や読書体験などとを結び付けて好きなわけをはっきりさせ，感想をもっている。（Cオ） ・物語の好きなところやそのわけを共有し，互いの選んだ物語の面白さを味わっている。（Cカ）	・大好きな物語のお気に入りの場面を紹介するために，何度も繰り返し読み，好きなわけを明確にしようとしている。
ウ　学校図書館などを利用し，図鑑や科学的なことについて書いた本などを読み，分かったことなどを説明する活動。		
・表紙や題名，知りたいことなどを基に図鑑などを選んで読み，本に親しんでいる。((3)エ)	・色々な本や図鑑について，興味をもったページなどを開き，見出しや写真を手掛かりに内容の大体を捉えている。（Cア） ・科学的な読み物を読み，驚いたことやわけ，初めて知って感じたことなどを共有している。（Cカ）	・読んで新たに知る楽しさを実感し，さらに図鑑を読もうとしている。

3 中学年の評価規準の設定例

1 「話すこと・聞くこと」の単元の評価規準の設定例

知識・技能	思考・判断・表現	主体的に学習に取り組む態度
ア　説明や報告など調べたことを話したり，それらを聞いたりする活動。		
・相手を見て話したり聞いたりするとともに，言葉の抑揚や強弱，間の取り方などに注意して話している。（(1)イ）	・調査したことについて，明らかになったことや考えたことを報告するという目的を意識して話題を決め，集めた材料が話す目的に合っているかを確かめて必要な事柄を選んでいる。（Aア） ・聞き手に伝わるように，調査結果の具体例や結果を基に考えた理由などを挙げながら，報告の中心が明確になるよう話の構成を考えている。（Aイ） ・報告の中心や話す場面を意識して，言葉の抑揚や強弱，間の取り方などを工夫している。（Aウ）	・調べた結果や考えたことがよりよく伝わるように，自らの話し方を工夫しようとしている。
イ　質問するなどして情報を集めたり，それらを発表したりする活動。		
・丁寧な言葉を使って話している。（(1)キ） ・全体と中心など情報と情報との関係について理解している。（(2)ア）	・情報を集めて説明するなどの目的を意識して，聞きたい情報は何かを考え，集めた材料のどちらがよいかを比較したり説明のために分類したりして，必要な事柄を選んでいる。（Aア） ・知りたい情報を集めるなどの目的を意識して必要なことを質問しながら聞き，自分が聞きたいことの中心を捉え，自分の考えをもっている。（Aエ） ・情報を正確に伝えるなどの目的を意識して必要なことを記録しながら聞き，話し手が伝えたいことの中心を捉え，自分の考えをもっている。（Aエ）	・聞いたことをどのように生かすのかを見通しながら，自分が聞きたいことや聞く必要のあることを聞こうとしている。
ウ　互いの考えを伝えるなどして，グループや学級全体で話し合う活動。		
・言葉には，考えたことや思ったことを表す働きがあることに気付いている。（(1)ア）	・全員の合意を得るという目的を意識して，話し合うために必要な事柄を選んでいる。（Aア） ・目的や進め方を確認し，司会や提案者などの役割を果たしながら話し合い，互いの意見の共通点や相違点に着目して，考えをまとめている。（Aオ）	・互いの意見を踏まえて考えを一つにまとめようとしている。

2 「書くこと」の単元の評価規準の設定例

知識・技能	思考・判断・表現	主体的に学習に取り組む態度
ア　調べたことをまとめて報告するなど，事実やそれを基に考えたことを書く活動。		
・考えとそれを支える理由や事例，全体と中心など情報と情報との関係について理解している。（(2)ア） ・引用の仕方や出典の示し方を理解し，調査報告文の中で使っている。（(2)イ）	・学校生活や学習した事柄について，興味をもったことや疑問に思ったことを調べて報告するという目的を意識し，調査報告文に書くことを選んでいる。（Bア） ・報告したいことの中心が明確になるように，「調査の目的や方法，調査の結果，そこから考えたこと」などの内容のまとまりで段落をつくり，文章の構成を考えている。（Bイ） ・目的を意識して，自分の考えとそれを支える理由や事例を挙げていることが読み手にも伝わるように，「その理由は〜」，「例えば〜」などの表現を内容に合わせて用いて書いている。（Bウ）	・調べていく中でさらに調べたいことを見付けたり，それらが伝わるように書き表したりしようとしている。
イ　行事の案内やお礼の文章を書くなど，伝えたいことを手紙に書く活動。		
・意味の通りやすさを考えて句読点を打っている。（(1)ウ） ・漢字や仮名の大きさ，配列に注意して書いている。（(3)エ(イ)）	・相手や目的を意識して，案内に必要な内容や礼状に書き表したい思いを明確にしている。（Bア） ・相手に自分の思いや考えが伝わるように，書いた文章を読み返し，間違いを正したり，案内に必要な内容や礼状に込めたお礼の気持ちが伝わる表現となっているかを確かめたりして文や文章を整えている。（Bエ）	・どんな言葉で書き表せば思いがよりよく伝わるかを考えて，言葉を選んで書こうとしている。
ウ　詩や物語をつくるなど，感じたことや想像したことを書く活動。		
・様子や行動，気持ちや性格を表す語句の量を増し，文章の中で使っている。（(1)オ）	・登場人物や場面設定，出来事とその結末など物語の基本的な構成や筋を，想像を膨らませて考えている。（Bイ） ・書こうとしたことが明確になっているかなど，書いた詩や物語に対する感想や意見を伝え合い，自分の文章のよいところを見付けている。（Bオ）	・詩や物語をつくり，創造的に表現する楽しさを味わおうとしている。

3 「読むこと」の単元の評価規準の設定例

知識・技能	思考・判断・表現	主体的に学習に取り組む態度
ア　記録や報告などの文章を読み，文章の一部を引用して，分かったことや考えたことを説明したり，意見を述べたりする活動。		
・幅広く読書に親しみ，読書が，必要な知識や情報を得ることに役立つことに気付いている。（(3)オ）	・興味をもったことや疑問に思ったことについて情報を得るために様々な文章を読み，段落相互の関係に着目しながら，考えとそれを支える理由や事例との関係などを捉えている。（Cア） ・調べて分かったことを説明するなどの目的を意識し，興味をもったことや疑問に思ったことを明らかにする上で中心となる語や文を見付けて要約している。（Cウ）	・必要な情報を見付けるために，すぐに見付からなくても色々な本や図鑑に当たり情報を得ようとしている。
イ　詩や物語などを読み，内容を説明したり，考えたことなどを伝え合ったりする活動。		
・幅広く読書に親しみ，物語を読む楽しさを味わっている。（(3)オ） ・気持ちや性格を表す語句の量を増し，語彙を豊かにしている。（(1)オ） ・物語の内容の大体を意識して音読している。（(1)ク）	・物語の心に残るところやそのわけを説明することに向けて，登場人物の行動や気持ちなどについて叙述を基に捉えながら同一テーマや同一作家，シリーズ作品など色々な物語を読んでいる。（Cイ） ・物語を紹介することに向けて，心に残るところについて，そのわけを明確にするために，登場人物の気持ちの変化や性格などを，場面の移り変わりと結び付けて具体的に想像している。（Cエ） ・文章を読んで感じたことや考えたことを紹介し合って共有し，一人一人の感じ方や解釈に違いがあることに気付いている。（Cカ）	・物語の心に残るところやそのわけを明確にするために自分の作品に対する思いを徐々に強めながら，様々な物語を関係付けて読もうとしている。
ウ　学校図書館などを利用し，事典や図鑑などから情報を得て，分かったことなどをまとめて説明する活動。		
・事典や図鑑の使い方を理解し，情報収集のために使っている。（(2)イ）	・色々な事典や図鑑を読み，目次や索引，見出しなどを用いながら興味をもったことや疑問に思ったことに関する情報を見付けている。（Cア） ・事典や図鑑などの複数の情報を結び付けて読み，感想や考えをもっている。（Cオ）	・情報検索をしながら様々な事典や図鑑を読もうとしている。

1 「話すこと・聞くこと」の単元の評価規準の設定例

知識・技能	思考・判断・表現	主体的に学習に取り組む態度
ア　意見や提案など自分の考えを話したり，それらを聞いたりする活動。		
・話の構成や展開，スピーチや協議などの種類とその特徴について理解して話している。（(1)カ） ・話し言葉と書き言葉との違いに気付いている。（(1)イ）	・相手の行動を促すために提案する必要があることについて話題を決め，提案内容は具体的で実現可能か，提案理由が明確かなどの点から提案内容を検討している。（Aア） ・提案内容が明確になるように，「現状と課題，提案内容と提案理由」などが相互に結び付くように，提案スピーチの構成を考えている。（Aイ） ・提案内容や提案理由を明確に伝える上で必要な資料を活用するなどして表現を工夫している。（Aウ）	・聞き手の行動を促すことができる提案となるように，見通しをもって取り組もうとしている。
イ　インタビューなどをして必要な情報を集めたり，それらを発表したりする活動。		
・日常使われる敬語を理解し使い慣れている。（(1)キ） ・原因と結果など情報と情報との関係について理解している。（(2)ア）	・自分の意見を補強するためといった目的や，生の声を掲載して説得力を高めるといった意図などに応じて，誰にどのような内容をインタビューするかを検討している。（Aア） ・「情報を効果的に発信するために必要な事柄を聞き出す」といった意図に応じて聞き，話の内容を整理して発信内容をまとめている。（Aエ）	・インタビューしたことをどのように生かすのかを見通して情報を集めようとしている。
ウ　それぞれの立場から考えを伝えるなどして話し合う活動。		
・言葉には，相手とのつながりをつくる働きがあることに気付いている。（(1)ア）	・パネルディスカッションを通して，テーマについて多面的に考えるなどの目的や意図に応じ，パネリストとしての提案内容や討論して明らかにしたいことと討論の視点などを検討している。（Aア） ・パネルディスカッションで多面的に考えるなどの目的に応じて，互いの立場や意図を明確にしながら計画的に話し合い，考えを広げたりまとめたりしている。（Aオ）	・討論することでより多面的に物事を考えられるといったよさを実感して話し合おうとしている。

2 「書くこと」の単元の評価規準の設定例

知識・技能	思考・判断・表現	主体的に学習に取り組む態度
ア　事象を説明したり意見を述べたりするなど，考えたことや伝えたいことを書く活動。		
・文章の種類とその特徴について理解している。（(1)カ） ・情報と情報との関係付けの仕方，図などによる語句と語句との関係の表し方を理解し，推薦文の中で使っている。（(2)イ）	・事物のよさを推薦文に書くなどの目的やより多くの人によさを理解してもらうなどの意図に応じて，推薦対象の特徴や推薦理由，推薦の受け手のニーズなどの観点から材料を分類したり関係付けたりして，推薦内容を明確にしている。（Bア） ・推薦対象と推薦内容，推薦理由などが緊密に結び付き，筋の通った文章となるように，推薦文全体の構成や論の展開を考えている。（Bイ） ・推薦理由を補強するなどの目的を踏まえて引用したり，推薦対象の特徴を明示するために図表やグラフなどを用いたりして，自分の考えが伝わるよう書き表し方を工夫している。（Bエ）	・責任をもって推薦するために，対象の特徴を詳しく検討するなどして表現を工夫しようとしている。
イ　短歌や俳句をつくるなど，感じたことや想像したことを書く活動。		
・語感や言葉の使い方に対する感覚を意識して語句を使っている。（(1)オ） ・比喩や反復などの表現の工夫に気付いている。（(1)ク）	・自分の思いや感動を書き表すために，事実をありのままに描写したり，その時の思いを克明に書き出したりするなどして書き表し方を工夫している。（Bウ） ・自分が表現したいことにふさわしい言葉を探したり選んだり，語順を考えてみたりして文や文章を整えている。（Bオ）	・どんな言葉で書き表せば思いが効果的に伝わるかを考え言葉を選んで書こうとしている。
ウ　事実や経験を基に，感じたり考えたりしたことや自分にとっての意味について文章に書く活動。		
・思考に関わる語句の量を増し，話や文章の中で使っている。（(1)オ）	・自分の思いが鮮明に描き出されているか，文章全体の構成や展開が明確になっているか，その時の自分にしか紡げない言葉を選んで表現しているかなど，文章に対する感想や意見を伝え合い，自分の文章のよいところを見付けている。（Bカ）	・その時の新鮮な思いを表現する楽しさを味わおうとしている。

3 「読むこと」の単元の評価規準の設定例

知識・技能	思考・判断・表現	主体的に学習に取り組む態度
ア 説明や解説などの文章を比較するなどして読み，分かったことや考えたことを，話し合ったり文章にまとめたりする活動。		
・日常的に読書に親しみ，読書が，自分の考えを広げることに役立つことに気付いている。（(3)オ）	・調べて考えたことを解説し合うなどの目的に応じ，色々な資料を読み，文章と図表などを結び付けるなどして必要な情報を見付けたり，論の進め方について考えたりしている。（Cウ） ・複数の文章を読んで理解したことを関係付けて，自分の考えをまとめている。（Cオ）	・必要な情報を見付けるために，色々な資料を比較検討して読もうとしている。
イ 詩や物語，伝記などを読み，内容を説明したり，自分の生き方などについて考えたことを伝え合ったりする活動。		
・日常的に読書に親しみ，物語を読むことで考えが広がることに気付いている。（(3)オ） ・文章を音読したり朗読したりしている。（(1)ケ）	・物語を推薦することに向けて，選んだ作品の心に響くところやそのわけを明らかにするために人物像や物語などの全体像を具体的に想像したり，表現の効果を考えたりしている。（Cエ） ・同一テーマの複数の文章を関連付けて読み，自分の考えを多面的に検討してまとめている。（Cオ） ・伝記を読んでまとめた意見や感想を共有し，自分の考えを広げている。（Cカ）	・物語の心に響くところやそのわけを明確にするために様々な物語をより効果的に関係付けて読もうとしている。
ウ 学校図書館などを利用し，複数の本や新聞などを活用して，調べたり考えたりしたことを報告する活動。		
・事典や新聞を利用することで，読書が自分の考えを広げることに役立っていることを実感している。（(3)オ）	・調べて考えたことを報告することに向けて，様々な文章の全体の構成を捉えて要旨を把握し，必要な資料を見付けている。（Cア） ・関心のあるテーマについて複数の本や新聞など複数の情報を結び付けて読み，考えをまとめて発信するという目的に応じ，必要な情報を見付けたり，論の進め方について考えたりしている。（Cウ）	・情報を検索して読むことで，自分の考えをよりよくまとめようとしている。

（水戸部　修治）

Chapter

3

実録で分かる！できる！
小学校国語科
指導と評価プラン 12

1 低学年

❶ 「話すこと・聞くこと」の指導と評価プラン

学　年：第2学年

単元名：みんなで話をつなげよう

教　材：「そうだんにのってください」（光村図書2年下）

時間数：全7時間

1　単元の指導目標

(1)身近なことや経験したことなどから話題を決めたり，互いの話に関心をもち，相手の発言を受けて話をつないだりすることができる。

(知・技(2)ア)

(2)共通，相違，事柄の順序など情報と情報との関係について理解することができる。

(思・判・表Aア，オ)

(3)相手の発言を受けて話をつないでいく楽しさを味わい，何度も聞き返すなどして友達の相談に対する解決策を考えようとすることができる。

(学びに向かう力等)

2　単元の評価規準

知識・技能	思考・判断・表現	主体的に学習に 取り組む態度
・共通，相違といった自分と相手の考えの関係，時間的な話合いの順序など，情報と情報との関係を理解している。 （(2)ア）	・「話すこと・聞くこと」において，相談し合う中で，友達の相談や答えに関心をもち，相手の発言を受けて，話をつないでいる。（Aオ） ・「話すこと・聞くこと」において，身近なことや経験したことなどから相談に乗ってもらう話題を決めている。（Aア）	・相談し合う中で，友達の発言を受けて話をつないでいくことの楽しさを味わい，何度も聞き返すなどして友達の相談に対する解決策を考えようとしている。

3　言語活動を通した指導と評価のポイント

①言語活動の特徴と評価のポイント

　この単元では，言語活動として「相談したりそれを受けて答えたりして，話をつないでいくこと」を位置付ける。この言語活動を通して，対話する楽しさを十分味わわせることを目指す。発言をつなぐためには，相手の発言を聞いて，「質問する」，「復唱して確かめる」，「共感を示す」，「感想を言う」ことなどが考えられる。まず，指導者と子供が話合いのイメージを共有しておくことが大切である。「相談内容の確かめ➡解決策の出し合い➡まとめ」の「解決策の出し合い」の際に，発言者は，相談内容に沿って考えることや，どんな言葉を使えば解決策を生み出しやすいかを考えるようにしたい。そして誰もが相談する側，される側を経験できるように4回の話合いを行い，子供が自分の話をつなぐ言葉を蓄積できるようにしたい。

②単元における評価のポイント

　話合いの学習では，全員が活動しているため，自己評価・相互評価がしにくい場合が多い。まず，話合いの仕方や話のつなぎ方について見通す第1次では，話合いのモデルとなる映像を何度も見て，話合いのイメージ・評価のポイントを指導者と子供で共有し，『相談のコツ』，『つなぐコツ』をつくる。その後の実際の話合いにおいても，ビデオで様子を録画するなど，映像を用いることは評価の有効な手段である。また，4回の話合いをする第2次では，話合いをするグループとそれを観察するグループに分けることで，話をつなぐ言葉にお互いの意識が向きやすくなる。話すことに消極的な子供も，「友達に相談に乗ってもらえた」，「友達の相談に乗ることができた」といった実感をもてるようにすることで，自信がつくと考えられる。そして，話合いが終わるたびに，すてきな話のつなぎ方について紹介し合うことで，次の話合いでさらに活発に話をつなぐことが行われるようにする。単元末の第3次では，話合いについて，自分でできるようになったことなどを発表させ，体育や生活などの他の教科の話合い活動，実生活などでも活用するようにしたい。

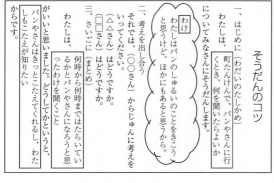

【相談のコツ】

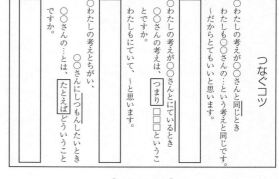

【つなぐコツ】

4　単元の指導と評価の計画（全7時間）

次	学習活動と指導のポイント（○）	評価規準（【　】）と評価方法（・）
1	①教師提示の話題で相談し合い，相談に興味をもち，単元の見通しをもつ。 ○実際に話し合う中で，困ったことを出し合い，話をつないで相談を進めるための課題に気付かせる。	【態】相談するという学習を見通し，進んで学習の進め方を考えようとしている。 ・話合いの様子やワークシートでの振り返りの気付きで評価する。
	②みんなに相談したいことを出し合い，その中から話題を決める。 ○学校生活や普段の生活など，出し合った話題を整理したり，その話題を選んだ理由を共有したりすることで，相談したいという思いの強さなどを手掛かりに話題を選ぶことができるようにする。	【思】身近なことや経験したことなどの中から，思いの強さなどを手掛かりに，相談したい話題を決めている。（Aア） ・『相談のコツ』に書いた話題とその話題を選んだ理由で評価する。
	③話合いの仕方について確かめる。 ○話合いのモデルの映像を何度も見る中でよさを見付け，話合いのイメージが共有できるようにする。 ○意見を出し合う中でのつなぎ方について考える。 ○モデルの話のつなぎ方（質問，共感，確認，感想）に注目するようにし，話型を示し，ペアで練習できるようにする。	【知】時間的な話合いの順序を理解している。（(2)ア） ・話合いのモデルで確かめた話合いの順序が『相談のコツ』に書けているかを評価する。 【知】共通，相違など，自分の考えと相手の意見の関係を理解している。（(2)ア） ・練習した話のつなぎ方が『つなぐコツ』に書けているかを評価する。
2	④話合い1回目 　話合いの順序，考えを言う時・聞く時のポイントに気を付けて話し合う。 ○相談する側には『相談のコツ』（相談内容の確かめ➡解決策の出し合い➡まとめで使う言葉の表）を手元に用意したり，相談される側には考えを言う時（考え➡理由）・聞く時（うなずき，最後まで）のポイントが分かるように掲示したりすることで，見通しをもって話し合うこと	④〜⑥全体で 【知】相談する側の時に，話合いの順序を理解して話している。（(2)ア） 【思】相談される側の時に，互いの話に関心をもち，相手の発言を受けて話をつないでいる。（Aオ） 【知】相談する側の時に，共通，相違など，相手の発言と自分の考えの関係に気付いて話している。（(2)ア）

	ができるようにする。 ○ペアグループを作り，他のグループの話合いを観察・評価することで，話合いの順序や言う時・聞く時のポイントに意識を向けられるようにする。 ⑤話合い2回目 　考えを出し合う（話をつなぐ）時のポイントに気を付けて話し合う。 ○相談される側が「同じ」「付け足し」「質問」などの札を上げ，話合いを「見える化」することで，友達の意見との関係を意識できるようにする。 ○話合いが終わるたびに，相談される側の『つなぐコツ』について紹介し合うことで，次の話合いがさらに活発に話をつなぐことが行われるようにする。 ⑥話合い3回目　話合い4回目 　全てのポイントについて気を付けて話合おう。 ○「相手の発言を受けて話をつなぐ」「相談に乗ってもらう話題を決める」ことが評価の対象であるため，全員が相談する側，相談される側を経験できるように，4回の話合いの場を設けるよう計画する。	・ワークシートでの振り返り（自己評価）やペアグループの評価，話合いの様子から総合的に評価する。
3	⑦学習を振り返り学んだことを確かめる。 ○4回の話合いで，できるようになったことや，友達のよかったところを出し合い，話合いの順序や話す・聞くポイント，話をつなぐポイントに整理する。 ○この学習でできるようになったことを確かめ，次の学習や他の教科の話合い活動でも使っていくようにする。	【態】相手の発言をつなぐことや見通しをもって話し合うことなど，学んだことやできるようになったことを振り返ろうとしている。 ・話合いの様子やワークシートでの振り返りの気付きを評価する。

5　指導と評価の実際

①「知識・技能　⑵情報の扱い方に関する事項　ア」の指導と評価

●Ａ・Ｂとなる状況

・Ｂの状況

　相談する側の時は，順序を理解して話合いを進めている。

　相談される側の時は，共通，相違など，相手の発言と自分の考えの関係に気付いている。

・Ａの状況の具体例

　相談する側の時は，時間内に順序を理解して解決策まで，話合いを進めている。

　相談される側の時は，共通，相違など，相手の発言と自分の考えの関係に気付き，話している。

●どの子供もＢ以上になるための手立て

　実際の話合い活動をする前に，第１次で話合いのモデルを何度も見せる。まねをするポイントを見付けさせ，話合いのイメージが共有できるようにする。

●Ｃの状況の子供への支援の具体例

　相談する側には進行表（相談内容の確かめ➡解決策の出し合い➡まとめ）や使う言葉の表を手元に用意したり，相談される側には話のつなぎ方（質問，共感，確認，感想）のポイントが分かるように掲示したりする。

②「思考・判断・表現　Ａ　話すこと・聞くこと　ア」の指導と評価

●Ａ・Ｂとなる状況

・Ｂの状況

　身近なことや経験したことなどの中から，話題を決めている。

・Ａの状況の具体例

　身近なことや経験したことなどの中から，友達がどんな考えを発言するか予想し，話合いの中で多くの考えが出し合える話題を決めている。

●どの子供もＢ以上になるための手立て

　学級全体で話題を出し合い，学校生活，普段の生活，悩んでいること，これからのことなど，整理する。第２次に入るまで，全員の相談に乗ってもらう話題も掲示しておき，自然に共有で

きるようにする。

●Cの状況の子供への支援の具体例
　学習計画表などで見通しをもたせ，第2時に入るまでに時間をとり，子供が話題を考える時間を十分にとる。

③「思考・判断・表現　A　話すこと・聞くこと　オ」の指導と評価
●A・Bとなる状況

> ・Bの状況
>
> 　互いの話に関心をもち，相手の発言を受けて，話型を生かして，質問，共感，確認，感想などのつなぎ方で話合いを進めている。

> ・Aの状況の具体例
>
> 　互いの話に関心をもち，相手の発言を受けて，質問，共感，確認，感想など，自分の言葉でつないで話合いを進めている。

●どの子供もB以上になるための手立て
　相談される側が「同じ」「付け足し」「質問」などの札を上げ，話合いを「見える化」することで，友達の意見との関係を意識できるようにする。

●Cの状況の子供への支援の具体例
　ペアグループを作り，他のグループの話合いを観察・評価することで，話のつなぎ方に意識を向けられるようにする。また，話合いが終わるたびに，素敵な相談される側の話のつなぎ方について紹介し合い，次の話合いでは話をつなぐことができるようにする。

（森本　康之）

❷ 「書くこと」の指導と評価プラン

学　年：第2学年

単元名：あなたのなやみも「学校生活おたすけブック」でかいけつ！
　　　　　〜自分のつたえたいことを1年生に分かりやすくせつめいしよう〜

教　材：「おもちゃの作り方をせつめいしよう」（光村図書2年下），自作教材

時間数：全10時間

1　単元の指導目標

(1)分かりやすく伝えるために，様子を表す言葉や動きを表す言葉などをたくさん考えて使い，
　日常に生きる言葉を増やすことができる。

（知・技(1)オ）

(2)まとまりを意識して，相手に分かりやすく伝えるために簡単な構成を考えて説明する文章を
　書くことができる。また，事柄の様子を表すのにふさわしい言葉を使って書くことができる。

（思・判・表Bイ，ウ）

(3)1年生にやり方を伝えたいという思いをもち，自分の伝えたいことが相手に分かりやすく伝
　わるように説明する文章を書こうとする。

（学びに向かう力等）

2　単元の評価規準

知識・技能	思考・判断・表現	主体的に学習に取り組む態度
・分かりやすく伝えるために，様子を表す言葉や動きを表す言葉などをたくさん考えて使い，日常に生きる言葉を増やしている。((1)オ)	・「書くこと」において，自分が説明したことが明確になるように，内容のまとまりや説明の順序を考えて文章を書いている。（Bイ） ・「書くこと」において，手順や方法がはっきりと伝わるように，様子を表すのにふさわしい言葉を用いて書いている。（Bウ）	・今までの学習経験から1年生に知らせたいという思いを膨らませ，手順や方法を説明する文章を書こうとしている。 ・課題解決に向けて学習計画を立てようとしたり，めあてに沿った振り返りをしようとしたりしている。

3 言語活動を通した指導と評価のポイント

①言語活動の特徴と評価のポイント

●「身近な事物を説明する文章を書く。」【学校生活おたすけブックづくり】

　自分が伝えたい事柄のやり方の説明文を書くために，何度も繰り返して実践して，行う過程やよりやりやすい方法などを見付け，どの順序で書けば相手に自分の伝えたいことが伝わるかを考える必要がある。また，相手に分かりやすく伝えるためには，様子や動きを表すのにふさわしい言葉を使うことが必要である。これらのことは，「B　書くこと　イ，ウ」に関連することであるので，学習での子供の発言，ワークシートの記述，振り返りの記述，交流での様子などから評価する。

【学校生活おたすけブック】

　　　　　終わり　　　　　　　　　　中　　　　　　　　　　はじめ
　（できるといいこと）　　　　（事柄のやり方）　　　　（事柄を選んだわけ）

②単元における評価のポイント

　子供たちが実際に書いた文章である程度の評価はできるが，それだけではなく，子供たちの交流による考えや記述の仕方の変化にも注目して評価できるようにする。授業前と授業後のワークシートや振り返りの記述から子供たちの思考や表現の変化を見取り，評価する。

4 単元の指導と評価の計画（全10時間）

次	学習活動と指導のポイント（○）	評価規準（【 】）と評価方法（・）
	0次 「しかけカードの作り方」を読んで説明する文章に興味をもたせ，自分たちも身近なことや困っていることについてやり方などを書いた説明する文章を1年生のために書きたいという思いをもって単元に入ることができるようにする。	
1	①どのような説明する文章があったら便利かを考える。 ○様々な説明書を見ながら，説明する文章に興味をもったり書き方を考えたりすることができるようにする。	【態】今までの経験や日常生活を思い出し，困っていることを助けるために1年生に説明する文章を書きたいという気持ちを高めようとしている。 ・発言の様子，振り返りの記述
	②1年生にできるようになってほしいという気持ちをもって，「学校生活おたすけブック」を作るという学習課題を決め，学習計画を立てる。 ○モデル文を読み，書き方のイメージをもつことができるようにする。	【態】「学校生活おたすけブック」を作って，1年生に分かりやすく伝えるということをイメージしながら学習計画を立てようとしている。 ・発言の様子，振り返りの記述
2	③「学校生活おたすけブック」の書き方を知る。 ○モデル文から分かりやすい説明の工夫を考えられるようにする。	【思】1年生に分かりやすく伝えるために，どんな構成で説明書を書いたらよいかということを考えている。（Bイ） ・発言の様子・振り返りの記述
	④「学校生活おたすけブック」のはじめの部分を書く。 ○モデル文を参考に，自分がこの事柄を選んだ理由を書くようにする。	【思】自分が選んだ理由が伝わるように，書き出しを意識して文章を書いている。 （Bウ） ・ワークシートの記述
	⑤自分が選んだ事柄のやり方の順序をカードに書き，順序を考える。 ○実際に行ったり，友達と相談したりしながら，やり方とその順序を考えるようにする。	【思】自分が選んだ事柄について，やり方の順序を考えてカードに書いている。 （Bイ） ・話合いの様子，カードの記述

	⑥⑦自分が選んだ事柄のやり方を1年生に分かりやすく伝えるために，やり方カードを基に，もっと詳しく説明する言葉やふさわしい言葉を考えて付け加えながら，文章を書く。 ○分かりやすく説明するための動きや様子を表す言葉を集めた「ことばのたからばこ」を参考にできるようにしておく。	【思】事柄のやり方が分かりやすく伝えられるように，様子や動きを表す言葉などを使ったり，言葉や表現を吟味したりしながら文章を書いている。（Bウ） 【知】身近なことを表す語句の量を増し，自分の伝えたい事柄を表現するために言葉を選んで使っている。（(1)オ） ・話合いの様子，カードの記述，振り返り
	⑧やり方カードを基に「学校生活おたすけブック」のやり方（中）の部分を書く。	【思】事柄のやり方が分かりやすく伝えられるように，順序や文末表現に気を付けて文章を書いている。（Bウ） ・カードの記述
	⑨「学校生活おたすけブック」の終わりの部分を書く。 ○モデル文を参考に，この事柄ができるようになるとどんなよいことがあるのかなどを書くようにする。	【思】自分が選んだ事柄について，できるようになるとよいことなどが伝わるように，文章に書いている。（Bウ） ・ワークシートの記述，振り返り
3	⑩できあがった「学校生活おたすけブック」を読み合い，単元全体の振り返りをする。 ○今回身に付いた力がこれからの学習や生活のどんな場面で生かすことができそうかを考える。	【態】できあがった「学校生活おたすけブック」をみんなで読み合い，感想を話し合って，学習の振り返りをしようとしている。 ・発言・振り返りの記述

5　指導と評価の実際

①「思考・判断・表現　B　書くこと　イ」の指導と評価

●A・Bとなる状況

・Bの状況

　自分が選んだ事柄について，そのやり方の正しい順序を考えて，内容のまとまりや説明の順序を考えている。

・Aの状況の具体例

　正しい順序やまとまりを考える際に，書いたやり方カードの中から1年生に伝えたい内容のカードを選んだり，同じ内容のカードをまとめたり，順番を入れ替えたりしながらよりよい構成を考えている。

●どの子供もB以上になるための手立て

　詳しい説明を考える前に，やり方カードにやり方を簡単に書くように促す。そして，そのやり方の順序を考えながら，カードを選んだりまとめたり並び替えたりすることができるようにすることで，構成を考えられるようにする。また，同じ事柄を選んだ友達と共有し，やり方や順序が正しいかを常に検討できるように促す。

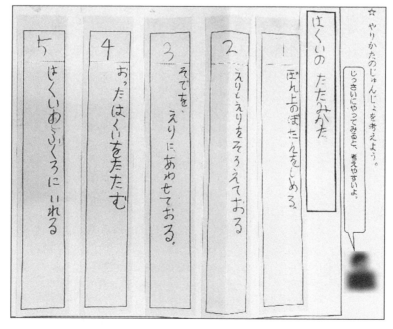

【やり方カード】

●Cの状況の子供への支援の具体例

　なかなかやり方を考えられない子には，実際にやりながら考えられるように実物を用意したり，実際に行っている動画を用意したりする。そして，同じ事柄を選んだ友達と相談しながら学習を進められるようにする。

②「思考・判断・表現　B　書くこと　ウ」の指導と評価
●A・Bとなる状況

・Bの状況

　自分が選んだ事柄を説明する時に，順序を表す言葉を使ったり，1年生に分かりやすい言葉を考えたり，説明する動きにぴったりな言葉を考えたりしながら文章を書いている。

・Aの状況の具体例

　自分が説明したいことにぴったりな言葉を，「ことばのたからばこ」や他の説明書や本から言葉を見付けている。そして，それらを用いて，相手や目的を明確にしながら言葉や表現を考えて選び，文章を書いている。

●どの子供もB以上になるための手立て

　色々な説明書や本の中から，自分たちが説明書を書く時に役立ちそうな言葉や表現をたくさん集めて「ことばのたからばこ」として掲示しておくようにする。子供たちが文章を書く際の参考にすることができ，表現の幅が広がっていく。これは，Cの状況の子への有効な支援にもなると考える。

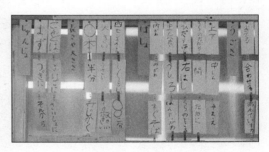

【ことばのたからばこ】

【完成した説明書「学校生活おたすけブック」】

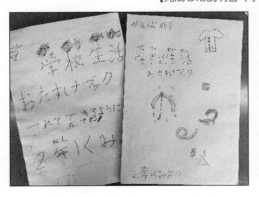

（伊藤　朋葉）

③ 「読むこと（物語文）」の指導と評価プラン

学　年：第1学年
単元名：友だちとはなしたい，ききたい！大すきカードでしょうかいしよう
教　材：「ずうっと，ずっと，大すきだよ」（光村図書1年下），先行読書材
時間数：全8時間

1　単元の指導目標

(1)身近なことを表す語句を増し，語彙を豊かにしたり，音読したりすることができる。

（知・技(1)オ，ク）

(2)場面の様子に着目して登場人物の行動を具体的に想像し，好きな場面やそのわけを紹介し合うことを通して，感じたことや考えたことを共有することができる。

（思・判・表Cエ，カ）

(3)読書に親しむとともに進んで文章を読んで感じたことや考えたことを共有し，見通しをもって，「大すきカード」を紹介しようとしている。

（学びに向かう力等）

2　単元の評価規準

知識・技能	思考・判断・表現	主体的に学習に取り組む態度
・身近なことを表す語句の量を増し，友達と紹介し合って思ったことを書くことで，語彙を豊かにしている。((1)オ) ・語句のまとまりや響きなどに気を付けて音読している。((1)ク)	・「読むこと」において，場面の様子に着目して，登場人物の行動を具体的に想像し，好きな場面やそのわけを明らかにしている。（Cエ） ・「読むこと」において，「大すきカード」を紹介し合い，文章を読んで感じたことや考えたことを共有している。 （Cカ）	・進んで文章を読んで感じたことや考えたことを共有し，見通しをもって，「大すきカード」を紹介しようとしている。

3　言語活動を通した指導と評価のポイント

①言語活動の特徴と評価のポイント

　本単元は，お気に入りの本の好きな場面を「大すきカード」を作って，友達に紹介し合うことを言語活動に設定している。「大すきカード」はお気に入りの本の題名，作者，好きな場面とそのわけ，友達の紹介を聞いた感想などを一冊のしおりにして紹介するものである。これにより，本単元でねらう，「C　読むこと」の指導事項「エ　場面の様子に着目して，登場人物の行動を具体的に想像すること」と「カ　文章を読んで感じたことや分かったことを共有すること」を効果的に表現できると考える。

・場面の様子に着目して，登場人物の行動を具体的に想像し，好きな場面やそのわけを明らかにしている。（Cエ）

【すきなところ】
【すきなわけ】

【だれが　どうして　どうなった　おはなし】

題名
作者名

表紙

お気に入りの
場面の絵

裏表紙

【○○さんの　しょうかいを　きいて　おもった　こと】

【△△さんの　しょうかいを　きいて　おもった　こと】

【□□さんの　しょうかいを　きいて　おもった　こと】

【○○さんの　しょうかいを　きいて　おもった　こと】

・大すきカードを紹介し合い，文章を読んで感じたことや考えたことを共有している。（Cカ）

②単元における評価のポイント

　本単元ではお気に入りの本で書いた「大すきカード」を，単元の最終評価とする。まず，子供は教材文を基に書いた「大すきカード」で，共有（交流）のモデルを知り学習する。指導者はA評価の共有（交流）モデルを子供に紹介しながら，お気に入りの本の「大すきカード」では，より学びの質が高まるようにする。本単元の評価を生かし，同じ指導事項で学びを重ねていく。

4 単元の指導と評価の計画（全8時間）

○朝の読書や読み聞かせ等で先行読書（動物と人との交流が描かれている本，相手に自分の気持ちを伝えている本など）を進め，お気に入りの本を見付けておく。

次	学習活動と指導のポイント（○）	評価規準（【 】）と評価方法（・）
1	①教師作成の「大すきカード」を紹介し合い，思ったことを発表するモデルを見て，学習の見通しをもつ。 ○教師のモデルを示して，学習の手掛かりとなるようにする。	【態】自分の思いを膨らませ学習の見通しを立てようとしている。 ・「大すきカード」や学習計画についての発表や発言を評価する。
2	②「ずうっと，ずっと，大すきだよ」を読み，好きな場面を見付けるために，「誰が」，「どうして」，「どうなった」話かを伝え合い，「大すきカード」に書く。 ○場面の挿絵を順番に追いながら，エルフやぼくが何をした場面か話し合い，お話の展開をつかむ。 ○「大すきカード」の紹介に向けて，お気に入りの本の「誰が」，「どうして」，「どうなった」話か分かるところに付箋を貼る。	【知】語句のまとまりや響きなどに気を付けて音読している。（(1)ク） ・挿絵に描かれている登場人物の表情などを手掛かりに，各場面の登場人物の行動部分に付箋を貼る様子を観察し，評価する。
	③「ずうっと，ずっと，大すきだよ」の「いいな。」，「すきだな。」と思ったところやそのわけを伝え合い，「大すきカード」に書く。 ○「大すきカード」の紹介に向けて，わけを明らかにしながら好きな場面を見付ける。お話全体の流れや，前後の場面も手掛かりにするよう促す。 ○「大すきカード」の紹介に向けて，お気に	【思】「ずうっと，ずっと，大すきだよ」やお気に入りの本の場面の様子に着目して，登場人物の行動を具体的に想像し，好きな場面やそのわけを明らかにしている。（C エ） ・お話全体や，選んだ場面の前後の場面での登場人物の言動と結び付けながら，選んだわけを明らかにしているかを評価する。

	入りの本の「いいな。」，「すきだな。」と思ったところに付箋を貼る。	
	④⑤教材文の「大すきカード」を基に，「いいな。」，「すきだな。」と思ったところやそのわけを伝え合う。友達の紹介を聞いて思ったことを「大すきカード」に書く。	【思】「大すきカード」を紹介し合い，文章を読んで感じたことや考えたことを共有している。（C カ）
	○「大すきカード」を2人の間に置くことで，考えたことや感じたことをお互いに共有しやすくする。友達の話を聞いて思ったことを発表し合い，読みの多様性を味わわせたい。	【知】身近なことを表す語句の量を増し，友達と紹介し合って思ったことを書くことで，語彙を豊かにしている。 　　　　　　　　　　　　　（(1)オ）
	○「～ところが同じです。」，「～ところが似ています。」，「～ところがいいと思いました。」と，どの叙述にどのような感想をもったのか書いている子供を紹介し広める。	・同じ場面を選んだ友達や違う場面を選んだ友達と伝え合う中で，色々な友達の感じ方に触れ，互いの思いを分かち合っているかを評価する。
3	⑥⑦⑧お気に入りの本で「大すきカード」を書く。「大すきカード」をペアで紹介し合い，友達の紹介を聞いて思ったことを「大すきカード」に書く。	【思】「大すきカード」を紹介し合い，文章を読んで感じたことや考えたことを共有している。（C カ）
	○大すきカードが完成した子供からペアになって紹介を始めるよう促す。紹介が終わったら，自分で「大すきカード」に友達の紹介を聞いて思ったことを書き，また次の友達とペアになって紹介を始める。	【知】身近なことを表す語句の量を増し，友達と紹介し合って思ったことを書くことで，語彙を豊かにしている。 　　　　　　　　　　　　　（(1)オ） ・友達の紹介を聞いて伝わってきたこと，いいなと共感したことやその理由を「大すきカード」に書き評価する。

5 指導と評価の実際

① 「思考・判断・表現　Ｃ　読むこと　エ」の指導と評価

●Ａ・Ｂとなる状況

> ・Ｂの状況
>
> 教材文の「大すきカード」で，わけを明らかにしながら好きな場面を見付けている。

> ・Ａの状況の具体例
>
> 　自分が選んだお気に入りの本の「大すきカード」を，指導者の支援なく一人で見付けている。

```
【すきなわけ】                          「しろいうさぎとくろいうさぎ」よ
　なぜかというと、くろいうさぎの      り
ねがいごとがかなったからです。し      【すきなところ】
ろいうさぎといつもいっしょにいら      　わたしは、くろいうさぎが、しろ
れるから、くろいうさぎは、とても      いうさぎのやわらかなてを、そっと
うれしそうです。                      にぎったところがすきです。
```

●どの子供もＢ以上になるための手立て

　「いいな。」，「すきだな。」と思った場面を見付けるといった主体的な学習活動を生かして，子供たちが自分から場面の様子に着目できるようにする。さらに，教科書教材とお気に入りの本を交互に読み進めるようにすることで，スモールステップの学習過程を実現することができ，目標を達成しやすくしている。

　全文掲示や全文シートを基に交流することで，物語全体を視野に入れて「いいな。」，「すきだな。」と思った場面を選べるようにする。より自覚的に選べるように，音読したり選んだわけを発表したりする場を設定する。

●Ｃの状況の子供への支援の具体例

　これまでの単元評価に基づき，読む能力の定着について支援が必要な子供には，前もって個別に先行読書を行い，好きな場面が見付けられるように支援することも必要である。

「いいな。」,「すきだな。」と思ったわけを明らかにできない子供には，同じ場面を選んだ子供と積極的に交流できる場を設定する。たくさんの友達のわけを聞き，情報を集めるよう促す。

②「思考・判断・表現　C　読むこと　カ」の指導と評価
●A・Bとなる状況

・Bの状況

　教材文の「大すきカード」の「いいな。」,「すきだな。」と思ったところやそのわけを伝え合い，友達の紹介を聞いて思ったことを「大すきカード」にまとめている。

・Aの状況の具体例

　お気に入りの本の「大すきカード」で，友達のどの叙述に対して，どのような感想をもったのか具体的にまとめている。

> 【○○さんの　しょうかいをきいて　おもったこと】
> ○○さんは、くろいうさぎが「いつも、きみと……いられますように！」といっているところがすきでした。わたしもくろいうさぎが、こころをこめていっているのがいいな、とおもいました。

●どの子供もB以上になるための手立て
　第2次の4・5時間目で教材文の「大すきカード」を基に，友達の紹介を聞いて思ったことをまとめる際には，友達の思いを分かち合う言葉を全体で確かめる。
　「～ところが同じです。」,「～ところが似ています。」,「～ところがいいと思いました。」など，どの叙述にどのような感想をもったのか表現している子供を紹介し広める。また，日ごろから互いの思いや考えを受容する雰囲気をつくる工夫が大切である。

●Cの状況の子供への支援の具体例
　同じ場面を選んだ友達と伝え合う場面を設定し，色々な友達の思ったことを聞くように促す。友達の紹介を聞いて，共通点や相違点を一緒に見出す，思ったことを口頭で確認し一緒にまとめるなど，個別に対応する。

（安部　茜）

❹ 複合単元「読むこと（説明文）・書くこと」の指導と評価プラン

学　年：第1学年
単元名：いきもののびっくりをしらべて，いきものくいずたいかいでつたえあおう
教　材：「くちばし」（光村図書1年上），生き物の図鑑
時間数：全10時間

1　単元の指導目標

(1)文の中における主語と述語の関係に気付くことができる。　　　　　　　　　（知・技(1)カ）

(2)生き物クイズの文章を書くことに向けて，問いと答えの順序を考えながら，内容の大体を捉えることができる。　　　　　　　　　　　　　　　　　　　　　　　　　（思・判・表Cア）
　生き物クイズの文章を書くことに向けて，語と語や文と文との続き方に注意しながら，生き物クイズの問いと答えの文を書くことができる。　　　　　　　　　　　　　（思・判・表Bウ）

(3)興味をもったことについて図鑑などから見付けたり，それらを説明したりすることに関心をもち，進んで図鑑を読んだり，分かったことを説明したりしようとすることができる。

（学びに向かう力等）

2　単元の評価規準

知識・技能	思考・判断・表現	主体的に学習に取り組む態度
・生き物クイズの文章を書くことを通して，文の中における主語と述語の関係に気付いている。((1)カ)	・「読むこと」において，生き物クイズの文章を書くことに向けて，問いと答えの順序を考えながら，内容の大体を捉えて文章を読んでいる。（Cア） ・「書くこと」において，生き物クイズの文章を書くことに向けて，語と語や文と文との続き方に注意しながら，生き物クイズの問いと答えの文を書いている。（Bウ）	・図鑑などから興味をもったことについて見付けたり，それらを説明したりすることに関心をもち，進んで図鑑を読んだり，分かったことを説明したりしようとしている。

3 言語活動を通した指導と評価のポイント

①言語活動の特徴と評価のポイント

本単元では，「いきもののびっくりをしらべて，いきものくいずたいかいでつたえあおう」という言語活動を位置付ける。ここで取り上げる「いきものくいずたいかい」とは，自分の好きな生き物の図鑑を学校図書館から探して読み，自分が見付けた生き物のびっくりしたところについてのクイズを友達に出したり友達のクイズに答えたりする活動である。

生き物クイズの作り方を学習するために，教材文「くちばし」の文章からクイズを作るために必要な言葉や文を考えながら読む学習を行う。そして，自分が選んだ図鑑から生き物のびっくりしたところを見付ける学習へとつなげていく。これによって，「C 読むこと」の指導事項「ア 時間的な順序や事柄の順序などを考えながら，内容の大体を捉えること」を実現できると考える。また，読んだり見付けたりしたことを生き物クイズとして書くことで，「B 書くこと」の指導事項「ウ 語と語や文と文の続き方に注意しながら，内容のまとまりが分かるように書き表し方を工夫すること」，[知識及び技能] (1)「カ 文の中における主語と述語の関係に気付くこと」が実現できると考える。

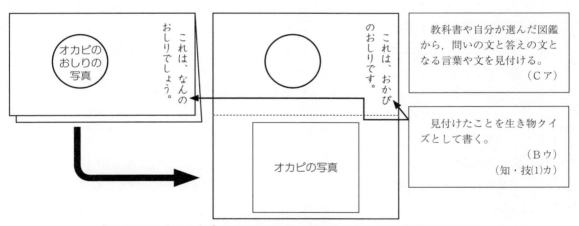

【生き物クイズのモデル】…２つ折りにし，表に問いの文，中に答えの文と写真

②単元における評価のポイント

本単元では，生き物クイズを作るために，大づかみに「問い」と「答え」という文章の順序を確かめるようにしたり，図鑑からクイズにしたいところを見付けるために何度も繰り返し読んだりすることで読みの力の確実な定着を図る。また，一つのクイズを作るのではなく，いくつもクイズを作るようにし，言語活動の絶対量を確保することで，読むことや書くことが苦手な子供も「できた」ということを実感できるようにする。図鑑を読むことで，自分の知らなかったことを知ることができた喜びを次単元や次学年で生かすことができるようにする。

4 単元の指導と評価の計画（全10時間）

次	学習活動と指導のポイント（○）	評価規準（【 】）と評価方法（・）
1	① 「いきものくいず」をして，これからの学習の見通しをもつ。 ○教師のモデルを示し，生き物クイズのイメージをつかむようにする。	【態】生き物クイズに興味をもち，これからの学習の見通しをもとうとしている。 ・対話を通して加点的に評価する。
	② 「いきものくいずたいかい」をするために，自分がクイズにしたい生き物の図鑑を選ぶ。 ○自分の生き物クイズを作るために，「すごい！」と思うところを見付けながら，図鑑を読むようにする。	【思】自分がクイズにしたい図鑑を選んで読んでいる。（Ｃア） ・見付けたところの前後を読んだり他の図鑑と比べたりしながら図鑑を選ぶ様子を観察し，評価する。
	③ 「いきものくいずたいかい」をするための学習計画を立てる。 ○自分でクイズを作ることを確認し，教科書や自分の図鑑の意欲的な読みへとつなげる。	【態】生き物クイズ大会に向けての学習計画を考え，教材文や図鑑を進んで読もうとしている。 ・生き物クイズを作るという見通しをもって，教材文や図鑑を読んでいる姿を観察し，評価する。
2	④ 「いきものくいずたいかい」をするために，教科書教材「くちばし」を読み，クイズを作るヒントを探す。 ○「問い」と「答え」の書き方を確かめ，自分の図鑑を読むようにする。	【思】生き物クイズを書くために，「問い」や「答え」という文章の順序を考えながら文章の大体を読んでいる。（Ｃア） 【知】文の中における主語と述語の関係に気付いている。（(1)カ） ・「問い」と「答え」に気付いているかを評価する。
	⑤ 「いきものくいずたいかい」をするために，教科書教材「くちばし」を読み，クイズを作るヒントを探し，自分の生き物クイズを書く。 ○びっくり発見カードを活用し，図鑑から	【思】生き物クイズを書くために，文章の大体を読み，自分がクイズにしたいところを見付けている。（Ｃア）

	自分のクイズにしたいところを見付け，書くようにする。	・びっくり発見カードに自分が見付けた生き物のクイズを書いていることを評価する。
	⑥「いきものくいずたいかい」をするために，教科書教材「くちばし」を読み，クイズを作るヒントを探し，自分の生き物クイズを書く。 ○びっくり発見カードを活用し，図鑑から自分のクイズにしたいところを見付け，書くようにする。	【思】生き物クイズを書くために，文章の大体を読み，自分がクイズにしたいところを見付けている。（Cア） ・びっくり発見カードに自分が見付けた生き物のクイズを書いていることを評価する。
	⑦「いきものくいずたいかい」をするために，これまでに作った自分の生き物クイズから一番クイズ大会に出したいものを選ぶ。 ○これまでに作ったクイズを交流し，自分が一番クイズ大会に出したいものを選ぶようにする。	【思】自分が一番クイズ大会に出したいものを決めるために，これまで書いたクイズの「問い」と「答え」の文を確かめている。（Bウ） ・語と語や文と文との続き方に注意しながらクイズを選んでいるかを評価する。
	⑧「いきものくいずたいかい」をするために，自分の生き物クイズを書く。 ○「問い」と「答え」に気を付けて，書くようにする。	【思】生き物クイズの「問い」と「答え」の文を書いている。（Bウ） ・書いた生き物クイズを評価する。
3	⑨「いきものくいずたいかい」をして，友達とクイズを発表し合う。 ○ペアで生き物クイズを交流し合うようにし，繰り返し交流ができるようにする。	【態】生き物クイズで，進んで分かったことを説明しようとしている。 ・クイズを出し合う様子を観察し，評価する。
	⑩「いきものくいずたいかい」をして，もっと読みたくなった図鑑を選んで読む。 ○単元を振り返り，友達が作った生き物クイズを基に，もっと読みたくなった図鑑を選び，読む時間を確保する。	【態】進んで図鑑を読んだり，分かったことを説明したりしようとしている。 ・図鑑を読む様子を観察し，評価する。

5　指導と評価の実際

①「思考・判断・表現　C　読むこと　ア」の指導と評価

●A・Bとなる状況

> ・Bの状況
>
> 　生き物クイズの文章を書くことに向けて，問いと答えの順序を考えながら教科書教材を読み，図鑑からクイズになるところを見付け，自分の生き物クイズを作っている。

> ・Aの状況の具体例
>
> 　生き物クイズの文章を書くことに向けて，問いと答えの順序を考えながら教科書教材を読み，図鑑からクイズになるところを複数見付け，自分の生き物クイズを作っている。

【写真1】　　　　　　　　　　　　　　　【写真2】

　写真1，2のように，教科書教材での読みを生かしながら自分の選んだ図鑑を読み，「これは，なんの○○でしょう。」「これは，△△の○○です。」という生き物クイズにしたいところを見付け，クイズを作っている場合Bと判断する。

　上記の状況に加え，一つのクイズだけではなく，図鑑から複数のクイズを作ることができている場合Aと判断する。

●どの子供もB以上になるための手立て

　本単元では，どの子供もB以上になるための手立てとして，「びっくり発見カード」を活用する。「びっくり発見カード」とは，下のようなカードである。写真3のように図鑑からクイズに必要なところを見付ける際に活用し，見付けたらすぐに交流をしたり問いと答えを書いたりすることができるようにする。

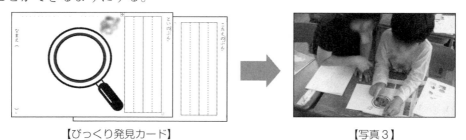

【びっくり発見カード】　　　　　　　　　【写真3】

●Cの状況の子供への支援の具体例

　Cの状況の子供への支援として，図鑑の中からクイズにできそうなところを教師が一緒に見付けたり，友達との交流の中で友達のクイズをまねしていくように声掛けをすることが考えられる。次単元に向けて，図鑑などに興味を示すことができるように教室の学級文庫に図鑑を多く置くようにしたい。

②「思考・判断・表現　B　書くこと　ウ」の指導と評価

●A・Bとなる状況

> ・Bの状況
> 　教科書教材を基に，生き物クイズの問いと答えの文を書いている。

【写真4】

> ・Aの状況の具体例
> 　教科書教材からクイズの書き方に自ら気付き，生き物クイズの問いと答えの文を書いている。

　教科書教材の「これは，なんの○○でしょう。」，「これは，△△の○○です。」を基に写真4，写真5のように自分のクイズを書いている場合Bと判断する。

　上記の状況に加え，教科書教材から問いの文，答えの文があることに気付き，自分のクイズを書いている場合Aと判断する。

【写真5】

●どの子供もB以上になるための手立て

　本単元では，どの子供もB以上になるための手立てとして，「一つの生き物を選び，クイズを書く」のではなく，「図鑑を読んで見付けたら，クイズを書く」ということを何度も繰り返すようにする。最初は，書くことに難しさを感じる子供も，繰り返す中で問いと答えを意識して書くことができると考える。

●Cの状況の子供への支援の具体例

　Cの状況の子供への支援として，教科書教材の「これは，なんの○○でしょう。」，「これは，△△の○○です。」という文章を一緒に読み返しながら書いたり，教師が横について一緒に文章を書いたりするようにする。本単元でのCの子供の状況を受け，家庭学習等で「これは，○○です。」といった短文を書くことに取り組めるようにし，次単元に向けて書くことの経験を積み重ねていく。

　　　　　　　　　　　　　　　　　　　　　　　　　　　　　　　　　　　　（本城　脩平）

❺ 「話すこと・聞くこと」の指導と評価プラン

学　年：第3学年

単元名：話の中心に気をつけて聞き，しつもんしたり，かんそうを言ったりしよう

教　材：「もっと知りたい，友だちのこと」（光村図書3年上）

時間数：全5時間

1　単元の指導目標

(1)相手を見て，話したり聞いたりするとともに，伝えたいこととそれをうまく伝えるための事例など，情報と情報との関係について理解することができる。

(知・技(1)イ，(2)ア)

(2)教師の「ヒミツ」を聞き出して紹介するために必要なことを質問しながら聞き，自分が聞きたいことの中心を捉え，紹介したいことをはっきりさせることができる。

(思・判・表Aエ)

(3)教師の子供のころの「ヒミツ」に興味をもち，聞きたいことを考えようとしたり，進んで聞き，より多くの話を引き出そうとしたりすることができる。　　　(学びに向かう力等)

2　単元の評価規準

知識・技能	思考・判断・表現	主体的に学習に取り組む態度
・相手を見て，話したり聞いたりしている。((1)イ) ・伝えたいこととそれをうまく伝えるための事例など，情報と情報との関係について理解している。((2)ア)	・「話すこと・聞くこと」において，教師の「ヒミツ」を聞き出して紹介するために必要なことを質問しながら聞き，自分が聞きたいことの中心を捉え，紹介したいことをはっきりさせている。（Aエ）	・教師の子供のころの「ヒミツ」に興味をもち，聞きたいことを考えようとしている。 ・教師の子供のころの「ヒミツ」に興味をもち，進んで聞き，より多くの話を引き出そうとしている。

3　言語活動を通した指導と評価のポイント

①言語活動の特徴と評価のポイント

　本単元では，「Ａ　話すこと・聞くこと」の言語活動例「イ　質問するなどして情報を集めたり，それらを発表したりする活動」に対応する活動として，「先生たちが子供のころの『ヒミツ』をくわしく聞き出して，友達に紹介しよう」という言語活動を設定した。「情報を集めるために質問する」とは，事前に自分の聞きたいことを考え，聞いたことを基に，さらに分からない点や確かめたい点を尋ねることである。中学年においては，自分の聞きたいと思うことを聞けるようになるために，子供が聞く目的や聞きたいという思いを一層強く意識して活動することが重要である。新しいことに興味をもち，進んで活動するという子供の実態を踏まえて，日常ではなかなか話を聞く機会のない教師から，とっておきの「ヒミツ」の情報を集めるという言語活動の設定にしたことで，"「ヒミツ」を聞きたい"という思いを強め，興味をもって，より主体的な活動ができると考えた。聞き出す情報を教師の子供時代に限定したのは，"子供のころのとっておきの「ヒミツ」を聞き出す"ためにはどのように質問すればよいのかを子供それぞれが考え，「くわしく知るための質問」として，子供がよい聞き手になるための方法を共有しやすいようにするためである。本単元では，自分の聞きたいことに加え，事例や理由を詳しく聞き出せることをねらいとし，「Ａ　話すこと・聞くこと」の指導事項エの「話し手が伝えたいことや自分が聞きたいことの中心を捉え，自分の考えをもつこと」の部分を実現できると考える。また，本単元では，子供が何を学ぶのかを分かりやすくするため，聞くことに焦点を当てて活動する。話し手を大人にすることで，聞くことに苦手意識がある子供も安心して，聞くことに意識を向けて活動を行えるようにしていく。

②単元における評価のポイント

　評価のポイントは，子供たちが書いたメモを基にどのような聞き方をしたのか机間指導中に尋ねたり，聞きたいことを聞きに行った後に，自分の振り返りとして，使った"コツ"などを書かせたりするなどして評価につなげていく必要がある。実際に評価を行う際には，子供ができたことを中心に聞き取りをたくさん行うようにしたい。自らどのような"コツ"を使ったのか教えに来る子供もいるだろう。Ａの評価につなげるためには，聞き方の"コツ"につながる言葉をもっとたくさん集めることが必要であることから，ICT（ビデオやタブレット端末）を効果的に活用していく。

4 単元の指導と評価の計画（全5時間）

時	学習活動と指導のポイント（○）	評価規準（【 】）と評価方法（・）
1	①教師の子供時代の写真を見て興味をもつ。 ○「これは“だれ先生”クイズ」の時，理由（○○な気がするから・○○に見えるから　等）を考えながら予想する。 ②どんな「ヒミツ」がありそうか，どんなことを聞きたいか考える。 ○「ヒミツ」を聞き出す時に，詳しく聞くことができるように促す。 ③学習目標をもつ。 5 先生のヒミツをしょうかいしよう。　4 先生のヒミツを聞きだそう。　3 ヒミツをくわしく聞き出す作せんを立てよう。　2 よい聞き手になるコツをつかもう。　1 学習目ひょうを持ち、学習計画を知ろう。 〈子供のゴール〉 「先生たちが子供のころのヒミツをくわしく聞き出して，友達に紹介しよう」	【態】教師の子供のころの「ヒミツ」に興味をもち，聞きたいことを考えようとしている。 ・机間指導等における観察及びノートの記述事項で評価する。
2	①マイナスモデルの聞き方を知り，“「ヒミツ」を詳しく聞く”とはどのようなことかをつかむ。 ○皆が分かりそうなことを聞き出すのではなく，自分が聞いたからこそ知れたことが“「ヒミツ」を詳しく聞く”ということだと例を挙げる。 ②ペアになり，お互いの「ヒミツ」を聞き出す。 ③聞き出したことをメモする。 ④どのような「ヒミツ」が聞けたかを発表する。 ○皆が知らないような「ヒミツ」を聞き出せたペアには，どのような聞き方をしたのかモデルをさせる。 ⑤「ヒミツ」を聞き出すための方法を考える。 ○「なぜ」，「どうして」，「どのように」，「どんな」，「どうやって」，「たとえば」等を使うとより詳しく聞ける	【思】教師の「ヒミツ」を聞き出して紹介するために必要なことを質問しながら聞

	ことに気付かせる。 ⑥ペアを変えて，みんなで考えた方法を使って「ヒミツ」を聞き出す。 ⑦教師の「ヒミツ」を詳しく聞き出すためのコツは何か振り返りをする。 	き，自分が聞きたいことの中心を捉えている。（Aエ） ・机間指導等における観察及びノートの記述事項で評価する。
3	①聞き出すための"コツ"を振り返る。 ②第1時で考えた聞きたいことで，とっておきの「ヒミツ」が聞けるかもう一度考え，作戦を立てる。 ○どんな答えが返ってくるか想像しながら，「もしこんな答えが返ってきたら次，こう聞こう！」というようにイメージさせる。 ③振り返りをする。 ○教師の「ヒミツ」を聞く時に気を付けようと思うポイントを書かせる。	【態】教師の子供のころのヒミツに興味をもち，聞きたいことを考えようとしている。 ・机間指導等における観察及びノートの記述事項，振り返りで評価する。 【知】伝えたいこととそれをうまく伝えるための事例など，情報と情報との関係について理解している。 （(2)ア） ・ノートの記述事項，振り返りで評価する。
4	①教師が子供時代の「ヒミツ」を聞きに行く。 ②聞いたことを紹介できるように聞いたことをまとめる。 ○聞き出したいことが全て聞き出せなかった子供には，聞けたところまでで紹介させ，何が困ったのかもまとめさせる。	【態】教師が子供のころの「ヒミツ」に興味をもち，進んで聞き，より多くの話を引き出そうとしている。 【思】教師の「ヒミツ」を聞き出して紹介するために，自分が聞きたいことの中心を捉え，紹介したいことをはっきりさせている。 （Aエ） ・教師と子供の対話を見回り

		観察，子供への聞き取り及び，ノートの記述事項，振り返り等で評価する。
5	①教師の子供時代の「ヒミツ」を紹介し合う。 ②学習の振り返りをする。 ○どんなことができるようになったのかを振り返らせるとともに，身に付けた力をこれからの学習のどのような場面で使ってみたいかを書かせる。	【知】相手を見て，話したり聞いたりしている。((1)イ) ・発表中の子供の観察で評価する。 【思】聞いたことを基に，教師の「ヒミツ」を聞き出して紹介することをはっきりさせている。(Aエ) ・発表中の子供の観察及び，ノートの記述事項で評価する。

5　指導と評価の実際

① 「思考・判断・表現　A　話すこと・聞くこと　エ」の指導と評価

●A・Bとなる状況

・Bの状況

　自分が質問したことの相手からの回答に対して，自分の聞きたいことについて聞き返している。

・Aの状況の具体例

　「どこの小学校に行っていましたか？」という質問に対して，「滋賀県の小学校に行っていたよ」という回答に対して，「家からどのくらい離れていましたか？」「全校で子供は何人いましたか？」「クラスには子供は何人いましたか？」「どんな友達がいましたか？」というように，話をつなげながら自分の聞きたいことを聞き返していき，一つではなくいくつかの情報を聞き出すことができている。

●どの子供もB以上になるための手立て

　どのような聞き方をすればよいのか“コツ”をつかむための時間を指導計画の中に取り入れ，実践練習を行い，今までの聞き方とこれからの聞き方を比べ，違いに気付かせる。上手に聞き出せた子供には，どのような聞き方をしているのかデモンストレーションをさせ，聞き方の

"コツ"をつかませる。

●Cの状況の子供への支援の具体例

　聞き出せなかった子供には，どのような聞き方をしたのか自分の聞き方を振り返らせ，聞き出したいことが聞き出せるようになるためにどのように聞けばよかったのか考えさせたい。

　もう一度聞きに行く時間を設けることができればよりよい。

②「主体的に学習に取り組む態度」の指導と評価

●A・Bとなる状況

> ・Bの状況
> 　どのような「ヒミツ」があるか予想しながら，自分の聞きたいことを考え，自分から進んで聞こうとしている。

> ・Aの状況の具体例
> 　みんなが想像できないような子供のころの「ヒミツ」（例えばピアノが得意な先生とみんなが思っている先生が，実は足がとても速い先生だった。というようなヒミツ）をいくつか聞き出し紹介しようとしている。

●どの子供もB以上になるための手立て

　教師の子供時代の実際の写真を提示してクイズを行い，「どのような子供だったのか」ということについて予想しながら話し合い，興味をもたせる。その写真を教室に掲示し，休み時間や給食時間などにも聞きたい「ヒミツ」が考えられるようにする。聞きに行く日を楽しみにしている様子が見られた。

【教師の子供時代の写真を掲示】

●Cの状況の子供への支援の具体例

　「これは"だれ先生"クイズ」をする際に，「何をしている時の写真だと思いますか？」，「何を持っていますか？」といった写真の中にある情報を具体的にヒントとして出し，どのような子供だったのかイメージ化しやすいようにした上で，「その子が目の前にいたらどんなことを聞きたいと思いますか？」という発問を投げかけるようにする。

（泉　亜弥子）

❻ 「書くこと」の指導と評価プラン

学　年：第4学年
単元名：お世話になった人に，感謝の気持ちを伝えるための手紙を書こう
教　材：「お礼の気持ちを伝えよう」（光村図書4年上）
時間数：全6時間

1　単元の指導目標

(1)手紙を書いて感謝を伝えることのよさに気付き，丁寧な言葉づかいや，敬体を使って書くことができる。

（知・技(1)ア，キ）

(2)書く内容の中心を明確にして，文章の構成を考えながら，相手や目的を意識して手紙を書くことができる。

（思・判・表Bア，イ，エ）

(3)お世話になった人に対して，感謝の気持ちを手紙に書いて伝えようとすることができる。

（学びに向かう力等）

2　単元の評価規準

知識・技能	思考・判断・表現	主体的に学習に取り組む態度
・言葉には，考えたことや思ったことを表す働きがあることに気付いている。 （(1)ア） ・目上の人に感謝を伝えるための丁寧な言葉を使い，敬体で書いている。（(1)キ）	・「書くこと」において，お世話になった人に感謝の気持ちを伝えるために，手紙にふさわしい内容を選んでいる。（Bア） ・「書くこと」において，手紙の書式に沿って，書く内容の中心を明確にして，文章の構成を考えている。（Bイ） ・「書くこと」において，書いた手紙を読み返して，相手や目的を意識した文章になっているかを確かめている。（Bエ）	・手紙を書いてお礼を伝えることのよさを実感し，進んで手紙を書こうとしている。

3　言語活動を通した指導と評価のポイント

①言語活動の特徴と評価のポイント

　本単元における言語活動として，「自分がお世話になった人に，お礼の気持ちを伝えるための手紙を書く」ことを位置付ける。

　「Ｂ　書くこと」イに関わって，手紙の書式に沿って書く内容の中心を明確にして，文章の構成を考える際，「文章の構成」については２種類が挙げられる。一つ目は，全体の構成である。手紙の構成として，「はじめのあいさつ」，「本文」，「むすびのあいさつ」，「後づけ」となっている。これは，教科書の例文，教師の提示する文で確認できる。二つ目は，「本文」の構成である。「本文」の中身は，「相手がしてくれたことに対する感謝（おれい）」「教えてもらって分かったこと（事実）」「教えてもらったことに関して思ったことや感じたこと（考え）」となっている。その構成に沿って，本文を書くことを評価していく。

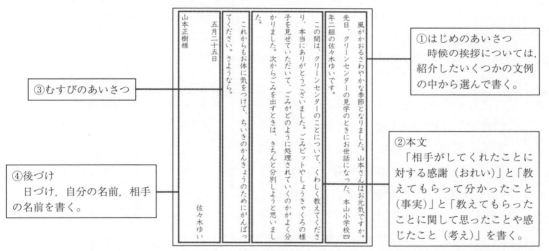

　「Ｂ　書くこと」エに関わって，書いた手紙を読み返して，相手や目的を意識した文章になっているかを確かめる際は，「推敲チェックカード」を用いる。このチェックカードを用いることにより，子供が意識して推敲することができる。また，手紙を書くということは，推敲を指導することにぴったりの単元である。この単元で，推敲する力を付けていきたい。

【推敲チェックカード】

②単元における評価のポイント

　本単元では，共通の相手に対して書いた手紙を，単元の最終評価とする。学校の実情や子供たちの実態に応じて，体験学習でお世話になった方にお礼の手紙を書くなどの活動を取り入れ，そこで書いた手紙を単元の評価として取り入れてもよい。

4　単元の指導と評価の計画（全6時間）

次	学習活動と指導のポイント（○）	評価規準（【 】）と評価方法（・）
1	①手紙で感謝を伝えることのよさについて話し合い，手紙の書き方について学習するという見通しをもつ。 ○学級のみんなで「クリーンセンターの方」へ手紙を書き，その後自分がお世話になった人へ手紙を書く，という学習の展開を知らせる。 ○クリーンセンターの方へ伝えたいことを，付箋紙に書き出す。	【知】手紙で，感謝の気持ちを伝えることができるということに気付いている。（(1)ア） ・子供の発言や発表を聞き，評価する。 【態】学習の見通しをもち，手紙を書くことに対して意欲的に取り組もうとしている。 ・対話を通して，評価する。
2	②「はじめのあいさつ」，「本文」，「むすびのあいさつ」，「後づけ」という手紙の書式を理解する。さらに，「本文」の部分が「相手がしてくれたことに対する感謝（おれい）」と「教えてもらって分かったこと（事実）」と「教えてもらったことに関して思ったことや感じたこと（考え）」という構成になっていることに気付く。 ○手紙の内容がどの順序になっているのかをつかみ，手紙の型を知るために，教師の提示した手紙を項目ごとに切り離した物を用意し，子供たちが並び替えをできるようにする。 ○教師の提示した手紙の中の「本文」の部分に着目させ，何が書かれているのかを発見できるようにする。 ③手紙の書式に合わせて，構成メモを書く。 ○「はじめのあいさつ」については，いくつかの時候の挨拶の文例を紹介して，その中で選	【思】全体の文章の構成と，「本文」の構成に気付いている。（Bイ） 【思】感謝の気持ちを伝えるためにふさわしい内容を付箋紙の中から選んでいる。（Bア）

	べるようにする。 ○第1時で書いた付箋紙を見ながら，本文に書く内容を選ぶ。	・構成メモを見て，評価する。
	④**構成メモを読み返して，推敲する。** ○「推敲チェックシート」を用いて，文末の表現や，相手や目的を意識した文章になっているかに気を付けながら，読み返す。 ○自分で推敲した後，友達と読み合うようにする。	【知】手紙を送る相手に対して，丁寧な言葉づかいや，文末が敬体になっているか確かめながら書いている。 （(1)キ） ・構成メモを見て，評価する。 【思】相手や目的を意識した表現になっているかを確かめて，文章を整えている。（Bエ） ・構成メモと文章を見て，推敲の状況を評価する。
	⑤**清書をする。** ○住所や宛名の書き方，切手の貼り方を確かめる。	
3	※学校の実情に応じて，体験学習でお世話になった方にお礼の手紙を書くなどの活動を取り入れることで，この単元で身に付けた力を生かしていく。 ※他教科の学習で書いた手紙を，この単元の評価として取り入れてもよい。	

【「構成メモ」例】

5　指導と評価の実際

①　「思考・判断・表現　B　書くこと　エ」の指導と評価

●A・Bとなる状況

※「推敲チェックカード」において，枠線内の項目を達成している。

※本文に「おれい」，「分かったこと」，「考えたこと」が書けている。

※「分かったこと」と「考えたこと」につながりがある。

・Bの状況

推敲ポイント	自分	友達
推敲 チェックカード　四年　組（　　）		
①　まちがった文字、漢字はないか。		
②　「、」や「。」がぬけていないか。		
③　ていねいな言葉になっているか。		
④　本文が「おれい」「事実」「考え」になっているか。		
⑤　「事実」と「考え」の内容に、つながりがあるか。		
⑥　「はじめのあいさつ」「本文」「むすびのあいさつ」に、つながりがあるか。		

風がかおるさわやかな季節となりました。山本さんはお元気ですか。

先日、クリーンセンターの見学のときにお世話になった、本山小学校四年二組の佐々木ゆいです。

この間は、クリーンセンターのことについて、くわしく教えてくださり、本当にありがとうございました。ごみピットやしょうきゃくろの様子を見せていただいて、ごみがどのように処理されていくのがよく分かりました。次からごみを出すときは、きちんと分別しようと思いました。

これからもお体に気をつけて、ちいきのかんきょうのためにがんばってください。さようなら。

五月二十五日

佐々木ゆい

山本正樹様

・Aの状況の具体例

推敲ポイント	自分	友達
推敲 チェックカード　四年　組（　　）		
①　まちがった文字、漢字はないか。		
②　「、」や「。」がぬけていないか。		
③　ていねいな言葉になっているか。		
④　本文が「おれい」「事実」「考え」になっているか。		
⑤　「事実」と「考え」の内容に、つながりがあるか。		
⑥　「はじめのあいさつ」「本文」「むすびのあいさつ」に、つながりがあるか。		

風がかおるさわやかな季節となりました。山本さんはお元気ですか。

先日、クリーンセンターの見学のときにお世話になった、本山小学校四年二組の佐々木ゆいです。

この間は、クリーンセンターのことについて、くわしく教えてくださり、本当にありがとうございました。ごみピットやしょうきゃくろの様子を見せていただいて、ごみがどのように処理されていくのがよく分かりました。一日にとてもたくさんのごみが出ていることや、ごみを集める人が大変な思いをされていることを知り、むねがいたかったです。私がこれからできることとして、ごみを出すときは、まずはきちんと分別しようと思いました。大変なお仕事だと思いますが、これからもお体に気をつけて、ちいきのかんきょうのためにがんばってください。さようなら。

五月二十五日

佐々木ゆい

山本正樹様

〈A評価のポイント〉

※「推敲チェックカード」において，枠線内の項目を達成している。

※『⑥「はじめのあいさつ」「本文」「むすびのあいさつ」に，つながりがあるか』については，本文に加え，「はじめのあいさつ」や「むすびのあいさつ」にも，つながりを意識して書いているかどうかを評価する。相手がお年寄りであれば，「お体を大切に」という言葉になっていたり，相手が働く人であれば，「これからもお仕事をがんばってください。」という言葉が入っていたりするなど，相手に合わせた表現方法になっているかがポイントである。

●どの子供もB以上になるための手立て

　単元の中で構成を学習した時の内容を，いつでも振り返ることができるようにする。構成について掲示ができるような物を作り，教室に掲示しておくなどが考えられる。

●Cの状況の子供への支援の具体例

　「推敲チェックカード」において，⑤「事実」と「考え」の内容に，つながりがない子供には，第1時で伝えたいことを書き出した付箋紙を読み返させ，「教えてもらったこと」と「考え」の付箋紙の中で，つながりがある部分を探させる。

山本正樹様

五月二十五日

これからもお体に気をつけてください。さようなら。

たいです。

り、本当にありがとうございました。ごみピットの中のごみクレーンが大きくてかっこいいなと思いました。私もいつかクレーンを動かしてみ

この間は、クリーンセンターのことについて、くわしく教えてくださ

年二組の佐々木ゆいです。

先日、クリーンセンターの見学のときにお世話になった、本山小学校四

風がかおるさわやかな季節となりました。　山本さんはお元気ですか。

　　　　　　　佐々木ゆい

【Cの状況の文例】

（寺原　早智）

❼ 「読むこと（物語文）」の指導と評価プラン

学　年：第3学年
単元名：場面をくらべながら読み，感じたことをまとめよう
教　材：「ちいちゃんのかげおくり」（光村図書3年下），並行読書材
時間数：全9時間

1　単元の指導目標

(1)気持ちを表す語句の量を増し，話や文章の中で使うことができる。　　　　　　(知・技(1)オ)

(2)場面の移り変わりに着目しながら，複数の叙述を結び付けて，感想や考えをもつことができる。
　　　　　　　　　　　　　　　　　　　　　　　　　　　　　　　　(思・判・表Cエ，オ)

(3)物語を読んで，感じたことや考えたことを共有し，一人一人の感じ方に違いがあることに気付く。
　　　　　　　　　　　　　　　　　　　　　　　　　　　　　　　　　(思・判・表Cカ)

(4)進んで物語を読み，見通しをもって叙述に着目して感じたことや考えたことをまとめようとしている。
　　　　　　　　　　　　　　　　　　　　　　　　　　　　　　　　(学びに向かう力等)

2　単元の評価規準

知識・技能	思考・判断・表現	主体的に学習に取り組む態度
・気持ちを表す語句の量を増し，物語全体を表す短い言葉を考え，話や文章の中で使っている。 ((1)オ)	・「読むこと」において，「じぃんとカード」で心に残る場面を説明するために，複数の叙述を結び付けて，想像している。 (Cエ) ・「読むこと」において，文章を読んでもった感想や考えを，物語を表す短い言葉にまとめている。(Cオ) ・「読むこと」において，「じぃんとカード」を通して，物語を読んで感じたことや考えたことを共有し，一人一人の感じ方に違いがあることに気付いている。 (Cカ)	・進んで戦争を題材にした物語を読み，「じぃんとカード」で紹介する見通しをもって，叙述に着目して感じたことや考えたことをまとめようとしている。

3　言語活動を通した指導と評価のポイント

①言語活動の特徴と評価のポイント

　本単元における言語活動として，『じぃんとブック』で心に残った場面を紹介する活動を位置付ける。『じぃんとブック』とは，場面の移り変わりを捉えながら，心に残る場面を選んだ理由をよりはっきりさせながら読む力を育て，共有を通して友達と伝え合うことで，一人一人の感じ方の違いに気付くことができるものである。

　中学年では，より多様に想像を広げて読む力を養うために，複数の叙述と結び付けて心に残る場面を見付けることが大切である。場面の移り変わりを捉え，「前はこうだったけど，後でこうなるから，この場面が心に残った。」と説明できるワークシートを活用していく。

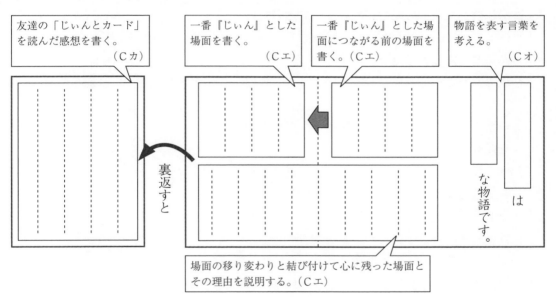

友達の「じぃんとカード」を読んだ感想を書く。（Cカ）

一番『じぃん』とした場面を書く。（Cエ）

一番『じぃん』とした場面につながる前の場面を書く。（Cエ）

物語を表す言葉を考える。（Cオ）

裏返すと

な物語です。

は

場面の移り変わりと結び付けて心に残った場面とその理由を説明する。（Cエ）

②単元における評価のポイント

　本単元では，自選の物語で書いた「じぃんとカード」を，単元の最終評価とする。

　また，教科書教材の学習を生かすために，場面の移り変わりが分かりやすい物語を選び，並行読書を進める。戦争をテーマにした物語は，時間や場所，時代の変化がはっきり分かりやすく描かれているものが多いため，戦争をテーマにした物語を並行読書として活用していく。

●ＡＢワンセット方式の単元計画

　ＡＢワンセット方式とは，教科書の共通教材で学習した活動を，自選の物語にすぐに活用する学習計画のことである。共通教材で身に付けた力を，自分の力でもう一度活用することで，より確かなものとすることをねらいとしている。

4 単元の指導と評価の計画（全9時間）

次	学習活動と指導のポイント（○）	評価規準（【 】）と評価方法（・）
1	①既習教材である「スーホの白い馬」を読んで教師が作成した「じぃんとカード」を見て，学習の見通しをもつ。 ・『じぃんと』の定義を共有する。 ・紹介したい物語を決める。 ○自選の物語を決める時間を確保するため，第1次と第2次の間を少し空ける。	【態】「じぃんとカード」を紹介する見通しをもち，戦争に関する紹介したい本を進んで読もうとしている。 ・読んだ本には記録を付けるようにし，読書記録カード等で評価する。
2	②心に残った場面の紹介に向けて，共通教材の「ちいちゃんのかげおくり」を通読し，『じぃん』とした場面を選ぶ。 ○大まかな話の筋を確かめやすいように，挿絵を用いる。 ③一番『じぃん』とした叙述を選び，その理由を共有する。 ○「登場人物の行動や言葉」を表す叙述に着目して読むように指示することで，読みの視点をもって通読できるようにする。 ○友達とその叙述を選んだ理由を共有することで，心に残った場面を明確にする。 ④自分で選んだ物語について，②③と同様に行う。 ○単元を通して，活動ごとに「ちいちゃんのかげおくり」と自分で選んだ物語を交互に行うことで，共通教材の学びを自選の物語に生かせるようにする。 ⑤自分が一番『じぃん』とした場面をより際立たせるために，変化する前や後の場面を見付け，一番『じぃん』とした理由をまとめる。 ○場面の移り変わりに着目して紹介することのよさについて指導する。 ○場面の移り変わりとともに，「ちいちゃん」	【思】「ちいちゃんのかげおくり」で心に残った場面を選んでいる。（Cエ） ・「じぃんとカード」に「ちいちゃんのかげおくり」で一番心に残った場面を書いている。 【思】自分で選んだ物語を紹介するために心に残った場面を書いている。（Cエ） ・「じぃんとカード」に自分で選んだ物語で一番心に残った場面を書いている。 【思】「ちいちゃんのかげおくり」で心に残った場面とつながる前後の場面を選び，心に残った理由を書いている。（Cエ）

	が置かれている状況を，叙述や挿絵から見付けられるようにする。	・「じぃんとカード」に「ちいちゃんのかげおくり」で場面の移り変わりに着目し，心に残った理由を書いている。
	⑥自選の物語について⑤と同じようにする。	【思】自選の物語で心に残った場面とつながる前後の場面を選び，心に残った理由を書いている。（Cエ） ・「じぃんとカード」に自分で選んだ物語で場面の移り変わりに着目し，心に残った理由を書いている。
	⑦「ちいちゃんのかげおくり」を表す，短い言葉を考える。 ○言葉の宝箱や，気持ちを表す言葉を集めたカードを参照する。 ○全文掲示を活用し，友達と意見を交流することで，選ぶ言動が異なることや，同じ言動を選んでも感じ方が異なることに気付かせる。	【知】「ちいちゃんのかげおくり」と自選の物語を表す短い言葉を考えている。（(1)オ）
	⑧自分で選んだ物語について，⑦と同様に行う。 ○短い言葉を考えるために，場面の移り変わりを選んだ理由を共有し，物語に対する自分のイメージを明確にする。	【思】「ちいちゃんのかげおくり」と自選の物語で心に残った場面の移り変わりや選んだ理由を短い言葉でまとめている。（Cオ） ・「じぃんとカード」に心に残った場面の移り変わりやその場面を選んだ理由を短い言葉にまとめて書いている。
3	⑨「じぃんとカード」を読み合い，共有する。 ○一人一人の感じ方に違いがあることに気付くことができるように，同じ物語を選んだ子供同士でグループを作り，交流する場を設定する。	【思】物語を読んで感じたことや考えたことを共有し，一人一人の感じ方に違いがあることに気付いている。（Cカ） ・「じぃんとカード」にまとめたことを交流している姿や，交流の感想をまとめたワークシートから総合的に評価する。

5 指導と評価の実際

① 「思考・判断・表現　C　読むこと　エ」の指導と評価

●A・Bとなる状況

> ・Bの状況
>
> 　文章の中から一番心に残った（『じいん』とした）場面を選び，その気持ちが変わる前や後と結び付けて場面の移り変わりについてまとめている。

> ・Aの状況の具体例
>
> 　3つの場面の移り変わりと結び付けて，『じいん』とした場面を紹介している。
> 　※この項目のA評価は，自選の物語で書いた「じいんとカード」を評価する。

●どの子供もB以上になるための手立て

　全文シートを活用し，一番心に残った場面に赤の付箋，その場面に関係する前後の場面に青の付箋を貼る活動をすることで，場面の移り変わりに着目させる。

　「〜だったけれど」，「〜だったのに」等，場面の移り変わりを比較する際の話型を提示し，それらを活用して感想をまとめられるようにする。

　並行読書材には場面の移り変わりが明確な本（時間や場所，時代の変化が明確な物語）を用意する。

●Cの状況の子供への支援の具体例

　「死んでしまってかわいそう」等，ちいちゃんが天国にいく場面だけがクローズアップされて感想を述べている子供は，場面の移り変わりを捉えることができていない。そのような場合，はじめの場面の家族で楽しそうな時間を過ごしているちいちゃんを取り上げ，「はじめは家族のみんなで楽しそうにかげおくりをしていたのに，死んでしまってかわいそう。」等，場面の移り変わりを踏まえて感想をまとめるよう助言する。

② 「思考・判断・表現　C　読むこと　オ」の指導と評価

●A・Bとなる状況

> ・Bの状況
>
> 　気持ちを表す言葉を使い，「この物語は，〜な物語です。」と，物語を読んで理解したり感じたりしたことを短い言葉でまとめている。

> ・Aの状況の具体例
>
> 自分の知識や読書経験とつなげて感想をもっている。
>
> （例）自選の物語で感じたことと，「ちいちゃんのかげおくり」を読んで感じたことを重ねて感想をまとめている。

●どの子供もB以上になるための手立て

 自分が選んだ移り変わりの場面の理由をより明確にさせるために，友達同士で意見交換する場を設ける。また，より具体的に場面の様子や登場人物の気持ちを想像できたり，違っていれば友達が気付いて指摘してくれたりすることも期待できる。

●Cの状況の子供への支援の具体例

 語彙量を増やすために，「気持ちを表す言葉」を例示しておき，そこから取り出して自分の気持ちを表現できるようにする。

③「知識・技能　(3)言葉の特徴や使い方に関する事項　オ」の指導と評価
●A・Bとなる状況

> ・Bの状況
>
> 「じぃんとカード」を読んで，同じ物語を表す言葉にも違いがあることに気付いている。

> ・Aの状況の具体例
>
> 同じ場面（同じ物語）を選んでいるのに，「かなしい気持ちになる」，「あたたかい気持ちになる」等という違いに気付き，感じたことをまとめるとともに，選んでいるところは同じなのに，物語を表す短い言葉が違うことにも気付いている。

●どの子供もB以上になるための手立て

 共有する際に，気持ちを表す言葉の違いに気付きやすいように，並行読書の種類を絞る。

●Cの状況の子供への支援の具体例

 日常的に読み聞かせを行うなど，読書に親しめる環境構成に配慮するとともに，共有する前に，「場面の移り変わり」，「物語を表す短い言葉」等，読む観点を示す。

（松岡　学）

❽ 複合単元「読むこと（説明文）・書くこと」の指導と評価プラン

学　年：第4学年

単元名：「〇〇県のみりょくしょうかいリーフレット」で，県のみりょくをつたえよう

教　材：「世界にほこる和紙」，「伝統工芸のよさを伝えよう」（光村図書4年下），百科事典

時間数：全13時間

1　単元の指導目標

(1)文章における段落の役割を理解するとともに，比較や分類の仕方，必要な語句などの書き留め方，引用の仕方や出典の示し方，百科事典の使い方を理解し，使うことができる。

（知・技(1)カ，(2)イ）

(2)段落相互の関係に着目しながら，考えとそれを支える理由や事例との関係などについて，叙述を基に捉え，目的を意識して，中心となる語や文を見付けて要約することができる。

（思・判・表Cア，ウ）

(3)書く内容の中心を明確にしながら，自分の考えとそれを支える理由や事例との関係を明確にして，書き表し方を工夫することができる。　　　　　　　　　　　　　（思・判・表Bイ，ウ）

(4)百科事典や本を活用して必要な情報を調べたり，その情報を生かして自分の考えなどを明確に書こうとしたりすることができる。　　　　　　　　　　　　　　　　（学びに向かう力等）

2　単元の評価規準

知識・技能	思考・判断・表現	主体的に学習に取り組む態度
・文章全体における段落の役割について理解している。（(1)カ） ・比較や分類の仕方，引用の仕方や出典の示し方，事典の使い方を理解している。（(2)イ）	・「読むこと」において，筆者の考えとそれを支える理由や事例との関係について，叙述を基に捉えている。（Cア） ・「読むこと」において，リーフレット作成という目的を意識して中心となる語や文を見付けて要約している。（Cウ） ・「書くこと」において，書く内容の中心を明確にし，段落相互の関係に注意しながら文章の構成を考えている。（Bイ） ・「書くこと」において，自分の考えとそれを支える理由や事例との関係を明確にして，書き表し方を工夫している。（Bウ）	・リーフレット作成に向けて，百科事典や本を活用して必要な情報を集め，考えとそれを支える理由や事例との関係を考えながら，文章に書き表そうとしている。

3　言語活動を通した指導と評価のポイント

①言語活動の特徴と評価のポイント

　本単元は，社会科の学習と関連付け，「自分の住む県の魅力を伝えるリーフレットを作る」ことを言語活動に位置付ける。リーフレット作成に向けて，子供は，自分の考えとそれを支える理由や事例との関係を明確にした文章を書くために，「世界にほこる和紙」を読み，文章構成や事例の使い方などを学んでいく。また，中心となる語や文を見付けて要約するという活動を通して身に付けた力が，内容の中心を明確にして文章を書くという力につながっていく。「読むこと」で身に付けた力を「書くこと」で生かすという単元構成となっている。

【「世界にほこる和紙」と同様の文章構成になっている成果物の例】

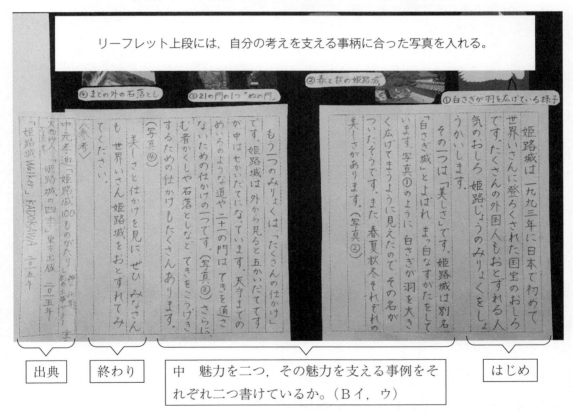

②単元における評価のポイント

　「読むこと」と「書くこと」のつながりを意識して授業を展開し，評価していくことがこの単元のポイントである。「中心をはっきりさせ，自分の考えとそれを支える理由や事例との関係を明確にして，書き表し方を工夫した説明文を書く」というゴールに向けて，指導を重ねたい。

4　単元の指導と評価の計画（全13時間）

次	学習活動と指導のポイント（○）	評価規準（【　】）と評価方法（・）
1	①教師自作のリーフレットの紹介を聞き，単元の見通しをもつとともに，自分の住む県の魅力を出し合う。 ○社会科の学習と関連をもたせ，自分の住む県の伝統工芸，特産物，産業，世界遺産，自然などの魅力を取り上げる。	【態】リーフレットに関心をもち，自分の住む県の魅力を言葉で伝えることについて考えようとしている。 ・ブレーンストーミングなどで，考えを出し合う様子を評価する。
2	②和紙の魅力を紹介するという目的をもち，「世界にほこる和紙」を読み，文章の組み立てを捉える。 ○文章全体を概観し，筆者の考えが書かれている段落に気付かせ，文章全体を「はじめ」，「中」，「終わり」に分けさせる。 ○筆者の考えを支える二つの理由に気付かせ，「中」を二つのまとまりに分けさせる。 ③和紙の魅力を紹介するという目的をもち，筆者が，何を説明するために，どのような例を挙げているかを考える。 ○和紙はやぶれにくく，長もちすること 　例①　正倉院の和紙 　例②　絵画や手紙の修復 ○自分の気持ちを表す方法として和紙を使うこと 　例①　短歌，便箋 　例②　名刺，お年玉袋 ④文章を読んで見付けた和紙の魅力を紹介する上で中心となる語や文を確かめる。 ⑤和紙の魅力を紹介するために中心となる語や文を使って，文章を200字以内に要約する。	【知】文章全体の構成と段落の役割について理解している。（(1)カ） 【思】筆者の考え一つにつき，二つの事例が挙げられていることを，叙述を基に捉えている。（Cア） 【思】文章を読んで見付けた和紙の魅力を紹介する上で中心となる語や文を見付けている。（Cウ） 【思】和紙の魅力を紹介するために中心となる語や文を使って，200字以内に要約している。（Cウ）

	⑥友達と要約文を読み合い，書こうとしたことが明確になっているかなど，感想や意見を伝え合う。	【態】自分や友達の要約文のよさを見付け，伝え合おうとしている。
3	⑦⑧百科事典の使い方を理解し，自分が選んだ県の魅力について，必要な本や資料を用いて調べる。 ○本単元では，Ｂアを指導事項としていないため，必要に応じて教師から資料を提示することも考えられる。	【知】百科事典の使い方を理解している。 （(2)イ） 【態】リーフレット作成に向けて，百科事典や本を活用して必要な情報を集めようとしている。
	⑨調べた内容を整理し，文章の組み立てを考え，組み立てメモを作成する。 ○「はじめ」，「中」，「終わり」の全体の構成と，さらに「中」を二つに分ける構成について，「世界にほこる和紙」を参考にしながら考えさせる。	【思】書く内容の中心を明確にし，「はじめ」，「中」，「終わり」の文章全体の構成と，「中」を二つに分ける文章の構成を考えている。（Ｂイ）
	⑩組み立てメモを友達と読み合い，気付いたことを伝え合うことで，よりよい組み立てを考える。 ○一番伝えたいことと，それを支える事例の整合性についても考えさせる。	【思】自分の考えとそれを支える理由や事例との関係を明確にして，文章全体の組み立てを考えている。（Ｂイ）
	⑪考えた組み立てに沿って，自分が選んだ県の魅力について説明する文章を書く。	【思】自分の考えとそれを支える理由や事例との関係を明確にして，書き表し方を工夫しながら説明文を書いている。 （Ｂウ）
	⑫出典等を明記し，リーフレットを仕上げる。	【知】引用の仕方や出典の示し方を理解している。（(2)イ）
	⑬完成したリーフレットを友達と読み合い，自分の考えとそれを支える理由や事例との関係が分かりやすく書けているかどうかに着目して，感想を伝え合う。	【態】自分や友達の説明文のよさを見付け，伝え合おうとしている。

5 指導と評価の実際

① 「思考・判断・表現　C　読むこと　ウ」の指導と評価

●A・Bとなる状況

> ・Bの状況
>
> 　和紙の魅力を紹介するために必要となるよさ二つ（①やぶれにくく，長もちすること　②気持ちを表す方法として使えること）を取り上げて，200字以内に要約している。

> ・Aの状況の具体例
>
> 　筆者が書いている和紙のよさ二つ（①やぶれにくく，長もちすること　②気持ちを表す方法として使えること）を含んだ上で，和紙の魅力が伝わるように，自分の言葉に言い換えたり，必要な情報を文章から選んで加えたりしながら，200字以内に要約している。

●どの子供もB以上になるための手立て

　「和紙の魅力を紹介する」という要約の目的を全体で確認する。

　第2時，第3時において，「はじめ」，「中」，「終わり」の全体の構成を理解させ，「中」に二つのよさが書かれていることを把握させ，魅力を紹介する上で必要な情報であることを確認させる。

　和紙の魅力が伝わる要約文にするための言語操作の方法（接続語の使い方，言葉を付け足す，削る，言い換えるなど）について指導する。

【B評価　具体例】

　和紙には、洋紙とくらべて、やぶれにくく長もちするという二つのとくちょうがある。そのしょうこに、正倉院にはおよそ千三百年前の和紙に書かれた文書が一万点以上ものこっている。また、日本ではむかしから、自分の気持ちを表す方法の一つとして、短歌を書くときなどに、使う紙を選んで使ってきた。和紙のもつよさと、使う紙を選ぶ人の気持ちによって、長い間、和紙は作られ、さまざまなところで使われて続けてきたのである。

【A評価　具体例】

　日本の伝統的な和紙作りのぎじゅつは、世界にほこる日本の文化いさんである。和紙は、洋紙とくらべてやぶれにくく、長もちする。正倉院をはじめ、世界の博物館や美術館では、何百年も前に使われた和紙を目にすることができる。また、わたしたち日本人は、和紙の風合いを美しいと感じ、自分の気持ちを表す方法の一つとして和紙を選んで使ってきた。和紙のよさを知り、相手のことを思いやって和紙を選ぶ人がふえることを筆者の増田さんは願っている。

●Cの状況の子供への支援の具体例

　無目的に要約させるのではなく，自分の興味をもったことを紹介したり説明したりするために要約するという言語体験をできるだけ多く積ませるようにする。

②「思考・判断・表現　Ｂ　書くこと　ウ」の指導と評価
●Ａ・Ｂとなる状況

・Ｂの状況（具体例は，p.80参照のこと）

　組み立てメモに沿って，自分が住む県の魅力とそれを支える事例や理由二つをリーフレットに書いている。

・Ａの状況の具体例（具体例は，p.80参照のこと）

　組み立てメモに沿って，自分が住む県の魅力とそれを支える事例や理由二つをリーフレットに書いている。さらに，「なぜなら～」，「その理由は～」，「例えば～」，「～などがそれにあたる」など，理由や事例を示すことを明確にする表現を用いながら，文章の書き表し方を工夫している。

●どの子供もＢ以上になるための手立て

　第９時，第10時の組み立てメモを作る段階で，「はじめ」，「中」，「終わり」の全体構成および，「中」が二つに分かれる構成を確実に把握させる。

　組み立てメモ作成の段階で，共有の時間を複数回とり，自分のリーフレットの構成を何度も見直した上で，記述に入るようにさせる。

　教師のモデル文などを用いて，接続詞の使い方，文のつなぎ方などを指導する。

●Cの状況の子供への支援の具体例

　記述の段階で，Ｃの状況に陥ることを防ぐためには，構成の段階で自分が一番伝えたいことをはっきりさせておくことが重要である。自分が選んだこと（もの）のよさに気付かせるため，同じ内容を選んだ子供同士で共有の時間をとり，理由や事例を考えるきっかけとする。また，本単元では，「Ｂ　書くこと　ア」（情報の収集）を指導事項としていないため，理由や事例が思い付きにくい子供には，教師から提示することも考えられる。

　いずれにせよ，子供が記述の段階で困らないように，第７～10時の指導を丁寧に積み重ねていくことが大切である。

（下田代　美樹）

⑨ 「話すこと・聞くこと」の指導と評価プラン

学　年：第6学年

単元名：討論会でよりよい学校生活を生み出そう～みんなが納得する討論会をしよう～

教　材：「聞いて，考えを深めよう」（光村図書6年）

時間数：全9時間

1　単元の指導目標

(1)情報と情報との関係を表したり比較したりするような，思考に関わる語句の量を増し，討論会の中で活用することができる。　　　　　　　　　　　　　　　　　　（知・技(1)オ）

(2)話し手や聞き手の目的・意図に応じて主張の内容を正確につかみ，比較したり関連付けたりしながら考えをまとめることができる。　　　　　　　　　　　　　　　（思・判・表Aエ）

(3)互いの立場や意図をはっきりさせながら計画的に討論会を進め，そこから考えを広げることができる。　　　　　　　　　　　　　　　　　　　　　　　　　　　　（思・判・表Aオ）

(4)よりよい学校生活を生み出すための討論の仕方について興味をもち，討論会に積極的に参加しようとしている。　　　　　　　　　　　　　　　　　　　　　　　　（学びに向かう力等）

2　単元の評価規準

知識・技能	思考・判断・表現	主体的に学習に取り組む態度
・情報と情報との関係を表したり比較したりするような，思考に関わる語句の量を増し，討論会の中で活用している。（(1)オ）	・「話すこと・聞くこと」において，互いの立場や意図をはっきりさせながら計画的に討論会を進め，そこから考えを広げている。（Aオ） ・「話すこと・聞くこと」において，話し手の目的や自分が聞こうとする意図に応じて主張の内容をつかみ，比較したり関連付けたりしながら考えをまとめている。（Aエ）	・よりよい学校生活を生み出すための討論の仕方について興味をもち，討論会に積極的に参加しようとしている。

3　言語活動を通した指導と評価のポイント

①言語活動の特徴と評価のポイント

　本単元の言語活動を「よりよい学校生活にするための討論会」と設定する。討論会は，一つの問題に対して肯定・否定の両面から主張や根拠を出し合い，互いの違いを明らかにしながら，よりよい考えをまとめていくものである。討論会では，肯定・否定と役割が明確に分かれるため相手の主張を覆したり，相手の論説を否定したりすることだけに意識が流れていきがちである。そこでここで取り上げる討論会は，どちらの考えや根拠がより説得力のあるものかを競う形式ではなく，互いに異なった考えをもつ者同士が考えを出し合って，よりよい結論を練り上げていく形にする。そのため，「みんなが納得できる考えをつくり上げる」ということを重視して単元を進めることとする。討論会のテーマについては，学校生活における問題点を子供と共に洗い出し，そこからよりよい学校生活に向けてという目的意識で議題を選定していく。討論会のテーマが直接自分たちの学校生活に結び付き，話し合った結果が学校生活の改善に生かされるとなれば，子供の討論会への参加意識も向上すると考える。討論会の形式や流れについては，以下の通りである。

〈討論会の役割及び人数〉

> ・主張グループ
> 　　肯定派…各議題に対して肯定的な立場で考えを述べるグループ（3名）
> 　　否定派…各議題に対して否定的な立場で考えを述べるグループ（3名）
> ・聞くグループ…討論会を客観的に参観し，考えが不足しているところや詳しく聞きたいことについて，質問したり最後に討論会の結論をまとめたりするグループ（3名）
> ・司会者…討論の流れを基に，時間や話し合う順序などを調整しながら進める。（1名）

〈討論会の流れ〉

内容	時間	役割
①議題	1	司会者
②はじめの主張	2	肯定派
	2	否定派
③相談タイム	5	聞くグループ・肯定派・否定派
④質問タイム	3	聞くグループ・肯定派→否定派
	3	聞くグループ・否定派→肯定派
⑤相談タイム	3	肯定派・否定派
⑥最後の主張	2	肯定派
	2	否定派
⑦相談タイム	3	聞くグループ
⑧まとめ	4	聞くグループ

　討論会では，ある議題に対して，主張グループ（肯定派3人，否定派3人），聞くグループ3人，司会者1人の計10人で行う。はじめに肯定派・否定派それぞれが議題に対して主張と根拠を述べる。それを受けて，聞くグループも交えて質問を重ねる。質問タイムで新たに分かっ

たことやはっきりしたことを基に肯定派・否定派それぞれで，最後の主張を行い，最後に聞く
グループが，今までの討論会で話し合われた情報を総括し，全員が納得のいく結論を導き出す
という流れになっている。このような言語活動を通じて，「互いの立場や意図をはっきりさせ
ながら計画的に討論会を進め，そこから考えを広げることができる。（思・判・表Aオ）」の評
価規準を見取ることとする。主張グループは，目的や意図に応じて自分の考えを正確に伝える。
それに対して，聞くグループやもう一方の主張グループは，目的や意図を正確につかんだ上で
質問をしたり，考えをまとめたりすることが求められる。また，考えを広げるためには，主張
や根拠を聞いて比較・関連付けたりする力も求められる。そこで「話し手の目的・意図に応じ
て主張の内容をつかみ，比較したり関連付けたりしながら考えをまとめている。（思・判・表
Aエ）」の評価規準も合わせて見取るようにする。

②単元における評価のポイント

　討論会の流れの中で，子供の話している様子からそれらを評
価することは難しい。子供たちがどのような意図で発言してい
るのか，主張を聞いて情報を比較，関連付けながら結論を導き
出しているのかといった討論会中の思考の流れが見えないから
だ。そこで，子供の思考の流れを評価するものとして，「書く
こと」を生かした討論メモの活用を積極的に行う。討論中の話
合いを短い言葉でメモし，似ている情報を矢印でつないだり，
大きく違っている情報を比べたりしてメモをさせるようにする。
そうすることで子供が討論会の中で，どのようなことを考えな
がら参加しているかが見えるようにする。

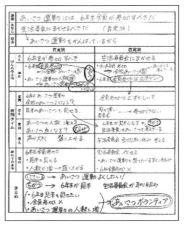

【討論メモのモデル（教師作成）】

　また，討論会を含む，「話すこと・聞くこと」の単元は，話
している音声での評価になることが多くなるため，その場だけの行動観察だけでは適切に評価
を行うことが難しい。そこで，全ての討論会の様子をタブレットで録画し，討論会終了後，討
論メモと合わせながら自己評価をすることや，教師の授業検証の材料となるようにする。
　討論会は全部で3回行う。3回の中で，全員が主張グループと聞くグループを経験できるよ
うにするためである。その3回の討論会を繰り返す中で，討論会終了後，必ず自己評価をする
場面を用い，さらに討論メモをどのように書いたかを，同じグループで確認する。

4　単元の指導と評価の計画（全9時間）

次	学習活動と指導のポイント（○）	評価規準（【　】）と評価方法（・）
1	①教師作成の討論会映像を見て，討論会のゴールイメ	【態】討論会の流れやイメージ

	ージや大まかな流れをつかむ。 ○教師作成の討論会映像を大まかに見せながら，今から学級で目指す討論会のゴールイメージ，討論会の流れや役割などをつかませる。 ○討論会のゴールイメージや流れをつかませた上で，討論会の議題についてアンケートをとる。 ○議題は学校生活の中で課題と思われるもので，話し合って決まった内容が学校生活の中で改善されるものにする。	をつかみ，学習の見通しをもつことで，積極的に討論会に参加しようとしている。 ・授業末に今後の学習に向けた振り返りをノートに書かせる。
	②実際に討論会をして，うまくいかなかったことや難しかったことを話し合い，討論会を成功させるためには自分にどのような学習が必要か考える。 ○討論会を通して感じたことを話し合うことで，不足感を感じられるようにする。 ○それぞれの役割での不足感をグループで交流させておくことで次時の学習計画の作成につながるようにしておく。 ③学習計画を立て，議題や役割分担を決定する。 ○前時の不足感を基に学習計画を立てることで，より主体的な学習になるようにする。 ○討論会で話し合った内容が，その後の学校生活の改善につながるテーマになるように促す。	【態】よりよい学校生活を生み出すための討論会に向けて必要な学習内容を考えようとしている。 ・「何が上手くいかなかった」という事実と，「どのような学習をしたいか」という考えをノートに書かせる。
2	④主張グループが，自分たちの主張を正確に伝えたり，相手の主張を聞いたりするためには，どのような話し方，聞き方をすればよいかを理解する。 ○教師作成の討論会映像を資料としてもう一度見せることで，話し手の目的とそれに対する話し方の工夫をつかませる。 ○相手の主張を聞く時に，自分の考えや根拠と比較しながら聞くことをつかませる。	【思】主張をするために話合う際のポイントをつかんでいる。 （Aオ） ・教師作成の討論会映像を見てつかんだことや全員で話し合って気付いたことをノートに書かせる。 【知】立場を明確にした話し方や相手との考えと対比した話し方を理解している。（(1)オ） ・教師作成の討論会映像から，話し方の工夫に気付かせる。
	⑤聞くグループが質問をしたり考えをまとめたりするためにはどのような聞き方をすればよいか理解する。 ○討論会のゴールイメージをつかませることで，聞くグループの討論会における役割を確認する。 ○討論会の流れを事前につかませておくことで，聞いている人がどのようなことを考えながら聞いているのか，つかみやすくする。 ○授業の中で討論メモを書かせてみることで，主張を比較・関連付けて聞いた情報をまとめるために，メモの重要性を実感できるようにする。 ⑥主張グループ・聞くグループが討論会の中でどのようにメモをしながら聞けばよいのか理解する。	【思】聞くグループとして質問をしたり，討論会をまとめたりするための聞く観点をつかんでいる。（Aエ） ・討論会の中で肯定派・否定派が話した情報を，ノートにメモさせる。 【思】よりよい学校生活を生み出すための討論会に参加する

	○討論会の映像を見ながら討論メモを書かせ、そこから情報を比較・関連付けるよう意識させる。 ○教師作成の討論会映像で使用されていたメモをモデルとして活用する。 ○「似た考えを矢印でつなぐ」,「考えの大きな違いに目印を付ける」,「二つ以上の情報から生まれた新たな情報をメモする」など、より具体的なメモの仕方を考えさせる。 ○全員がメモできるように、メモの必要感と、短文で早く書くことを共通理解してから授業に入る。	ために、情報を比較したり関連付けたりして聞いている。 （Aエ） ・討論会の映像を見て気付いたことを討論メモに書かせる。
3	⑦⑧⑨よりよい学校生活を生み出すための討論会を行う。 ○全員が討論会で主張グループと聞くグループが経験できるようにする。 〈予想される討論会のテーマ〉 ・家庭で読んでいる本を持ってきて読書してよいか。 ・そうじの時間を減らして読書タイムにすべきか。 ・鬼ごっこができる体育館の使用割を作るべきだ。 ・今月の歌は自分たちで決めるべきだ。 ・休み時間は特別教室でも遊べるようにすべきだ。 ○子供に学習の見通しをもたせるために、事前にどのテーマの討論会に、どんな立場で参加するか計画しておき、学習掲示をしておく。 ○討論会後、動画を見る時間や、討論会の感想を話す時間を設け、討論会のたびに、自分の話し方や聞き方について振り返られるようにする。	【思】互いの立場を明確にしながら、計画的に討論会を進め、よりよい学校生活に向けた考えを出している。（Aオ） ・討論の様子を動画で撮影する。 ・討論会の話の流れを討論メモに書かせる。 ※テーマを三つ設定し、全員が全てのテーマの討論会に参加できるようにする。

5　指導と評価の実際

----

① 「思考・判断・表現　A　話すこと・聞くこと　エ」の指導と評価

●A・Bとなる状況

・Bの状況

　　主張グループや聞くグループの話を比較したり、関連付けたりしながら聞いている。

・Aの状況と具体例

　　主張グループや聞くグループの質問について、比較・関連付けしたことを基にみんなが納得できる考えをまとめている。

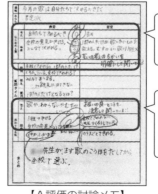

【A評価の討論メモ】

考えの違いに気を付けて比較して矢印でつないでいる。

互いの考えの中心に気を付けて良いところを関連付けてまとめている。

●どの子供もB以上になるための手立て

　全員が情報を比較・関連付けたりしながら討論会に参加できるように教師作成の討論会映像で活用された討論メモを全員に配付し，映像と見合わせながら確認していく。

●Cの状況の子供への支援の具体例

　メモができない子供には，短く考えの中心となる言葉をメモするように促す。また，考えが比較・関連付けられない子供に対して，友達の討論メモや自分たちの討論の様子を録画した映像を基に交流する時間を設け，友達同士でアドバイスをし合わせる。討論会を繰り返し行うことで，少しずつ主張の違いを見付けられるようにしたい。

②「知識・技能　(1)言葉の特徴や使い方に関する事項　オ」の指導と評価
●A・Bとなる状況

> ・Bの状況
>
> 　立場を明確にする言葉や複数の情報を比べたり関連付けたりする言葉を理解している。

> ・Aの状況と具体例
>
> 　複数の言葉を比べる言葉として「～と～を比べると」，「二つの良いところは，ちがっていたところは～」などを活用している子供や「二つの主張を合わせると～」などといった情報を関連付けた言葉を討論会の中で使いながら話している。

●どの子供もB以上になるための手立て

　モデルとなる教師作成の討論会映像の話し方や台本を読ませ，比べる時や関連付ける時にはどのような言葉を使えばよいか全員で話し合う。

●Cの状況の子供への支援の具体例

　討論会で活用された思考を表す言葉を掲示し，話型として活用できるようにしておくことで，単元後もどの授業でも活用していけるようにする。掲示を見ながら「～比べて」などの言葉を使った話し方をする子供が増えると考える。

（辻口　哲也）

❿ 「書くこと」の指導と評価プラン

学　年：第5学年

単元名：『レスキューJAPAN』〜20XX 年の日本のために　ぼく・わたしの主張〜

教　材：「グラフや表を用いて書こう」他，説明的な文章（光村図書5年），統計資料

時間数：全15時間＋課外

1　単元の指導目標

(1)情報と情報との関係について理解できるようにする。　　　　　　　　　　　（知・技(2)ア）

(2)目的や意図に応じて必要な材料を集めて伝えたいことを明確にするとともに，事実と感想，意見とを区別して書いたり，必要性を明確にしてグラフなどの資料を用いたりするなど，自分の考えが伝わるように書くことができるようにする。

（思・判・表Bア，ウ，エ）

必要な情報かどうかを判断するため，色々な資料について全体の構成を捉えて要旨をまとめるとともに，目的に応じて文章と図表を結び付けるなどして，必要な情報を見付けたり，筆者の論の進め方について考えたりすることができるようにする。

（思・判・表Cア，ウ）

(3)目的意識をもって資料を選び，自分の表現に生かそうとしたり，目的や意図に応じて情報を適切に選んで書こうとしたりしている。　　　　　　　　　　　　　　　　（学びに向かう力等）

2　単元の評価規準

知識・技能	思考・判断・表現		主体的に学習に取り組む態度
・意見に説得力をもたせる時の，グラフや表の役割を理解している。 　　　　　　（(1)カ） ・原因と結果など情報と情報との関係について理解している。（(2)ア）	・「書くこと」において，社会生活に関わる統計資料から必要な材料を見付け出し，分類したり，関係付けたりして，伝えたいことを明確にしている。 　　　　　（Bア） ・「書くこと」において，自分の考えと根拠等を書	・「読むこと」において，自分の文章に生かすために，筆者が事例，理由や根拠として挙げている事実を捉えている。 　　　　　（Cア） ・「読むこと」において，筆者の主張と使	・目的意識をもって資料を選び，自分の表現に生かそうとしたり，目的や意図に応じて情報を適切に選んで書こうとしたり

・情報と情報との関係付けの仕方，図などによる語句と語句との関係の表し方を理解して使っている。((2)イ)	き分けている。（Bウ） ・「書くこと」において，自分の考えを伝えるために効果的な図表やグラフを用いて，書き表し方を工夫している。（Bエ）	われている図表を結び付け，その効果を考えて自分の表現に役立てている。 （Cウ）	している。

3　言語活動を通した指導と評価のポイント

①言語活動の特徴と評価のポイント

　本単元では，新聞やテレビのニュース記事の中で見付けた問題点及びこれまでの社会科の学習の中から，「このままではいけない」と感じた事象を説明したり意見を述べたりするなど，考えたことや伝えたいことを主張文に書き，それを基に未来の日本について話し合う活動を言語活動として位置付けている。中心となる活動は，自分の伝えたいことを相手に説得してもらえるような，適切な資料（グラフや表）を見付ける活動である。さらには，見付けた資料のどの部分を使うのかということが大事になってくる。そのデータから何を読み取ることができるのか，何を意味付けることができるのか，自分の考えを裏付ける資料となり得るのかなど，データ解釈が必要になり，目的に応じて適切に選べているのかが評価のポイントになる。引用するグラフや表の解釈・吟味ができるかどうかは，一番難しく，個人差が大きいと思われるので，グループでの交流を取り入れ，意見交換の場を設ける。

②単元における評価のポイント

●「読むこと」の指導と評価の工夫

　本単元では，説明的な文章の学習を構成・記述の前に取り入れる。説明的な文章の特徴として，図表やグラフ，写真といった非連続型テキストが効果的に用いられ，説明が展開されていることが挙げられる。資料を用いて説明することで，読み手が納得するように意図されている。こうした工夫について筆者の意見とそれを裏付けるために用いている資料との関連をつかんでいるかを学習カードにおいて評価する。

●資料の取捨選択時の評価

　自分が訴えたいことに説得力をもたせられる資料を複数（三つ以上）選び，その資料のどの部分を使いたいかを考える。その資料の妥当性を3人の小グループで交流し，

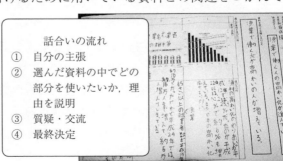

話合いの流れ
① 自分の主張
② 選んだ資料の中でどの部分を使いたいか，理由を説明
③ 質疑・交流
④ 最終決定

実際に使う資料を選ぶ。最初にどの資料を選び，交流を経て最終的にどの資料を選んだか，また選んだ資料と自分の主張が合っているかを話合いの様子や学習カードで評価する。

4　単元の指導と評価の計画（全15時間）

次	学習活動と指導のポイント（○）	評価規準（【 】）と評価方法（・）
1	①最近のニュースや社会科の学習の中で「将来に心配なこと」はないか交流し，単元の目標・内容を見通し，学習計画を立てる。 ②見付けた日本のピンチの中から一番関心をもった内容について交流し，一番伝えたいことを決める。 ○交流を通して考えを明確にさせる。	【態】学習の見通しをもち，身近なニュースを調べようとしている。 ・交流での様子を観察 【態】交流を通して，自分のテーマを明確にしようとしている。 ・交流での様子の観察と学習カードに書かれた振り返りで評価する。
2	③〜⑧自分の主張文を書くために「筆者の主張」や「筆者の工夫」を教材文から学ぶ。 ○主張文を説得力のあるものにするため，筆者の構成の工夫・意図を教材文から学ぶ。 ○主張文を説得力のあるものにするため，写真，図表，グラフと文章の関連や効果を考える。 ○文中にある数値を丸で囲ませ，資料との結び付きを意識できるようにする。	【知】意見に説得力をもたせる時の，グラフや表の役割を理解している。 （(1)カ） ・学習カードへの記入内容 【思】筆者が事例，理由や根拠として挙げている事実を捉えている。 （Cア） ・学習カードへの記入内容 【思】筆者の主張と使われている図表を結び付け，その効果を考えている。 （Cウ） ・学習カードへの記入内容
3	⑨自分の主張文を説得力のあるものにするために，効果的な構成をモデル文から学ぶ。 ○教科書モデル文を『レスキューＪＡＰＡＮ』仕様に変えたものを提示する。（資料１） ⑩＋課外　自分の主張を裏付ける有効な資料を探して，選ぶ。 ⑪グラフや表などの資料が主張文に説得力をもたせるものとなっているか交流する。 ○話合いのために，別のテーマを選んだ３人でグループを編成する。	【知】原因と結果など情報と情報との関係について理解している。（(2)ア） ・学習カードへの記入内容 【思】社会生活に関わる統計資料から必要な材料を見付け出し，分類したり，関係付けたりして，伝えたいことを明確にしている。（Ｂア） ・交流の様子を観察。最終的に選んだ資料による評価

⑫探した資料を効果的に使って，自分の主張文に説得力をもたせるように，文章を書く。 ○構成に沿って文章が記述しやすいような記述カードを用意する。（資料2） ○書くことが難しい子供には，友達や教師と対話しながら口頭で作った文を書けるように個別に指導する。	【知】情報と情報の関連付けの仕方，図などによる語句と語句との関係の表し方を理解して使っている。 （(2)イ） 【思】自分の考えと根拠等を書き分けている。（Bウ） ・記述カードに書かれた文章での評価 【思】自分の考えを伝えるために効果的な図表やグラフを用いて，書き表し方を工夫している。（Bエ） ・記述カードに書かれた文章での評価
⑬書いた文章を推敲し，清書する。 ○理解しやすい文章になっているかを，読み手の立場から客観的に評価できるように評価の観点を明らかにしておく。 ⑭書いた文章を友達と読み合う。 ○考えの述べ方，資料の用い方などの観点を用いて感想を交流できるようにポイントを明示する。 ⑮単元を振り返る。	【知】友達の文章を読んで，説得力のある点を見付け，具体的に指摘している。（(2)イ）

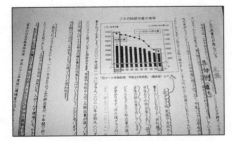

【資料1　教科書に掲載しているモデル文を今回のテーマに合わせて一部変更して作成したもの】

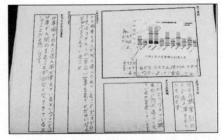

【資料2　原稿用紙に書く前に構成をまとめる記述カード】

5　指導と評価の実際

①「思考・判断・表現　B　書くこと　ア」の指導と評価

　子供が，自分が大人になった時に困ってしまう，実感のある「何とかしないといけない日本のピンチ」を見付けることが大切になる。この思いの強さが，この後の資料集めや主張文を書く意欲につながってくる。題材の設定がまず重要である。

●Ａ・Ｂとなる状況

・Ｂの状況

　毎日のニュース集めや，社会科の既習事項の振り返りを通して，「何とかしないといけない日本のピンチ」を具体的に想起している。

　例：地球温暖化が進んでいることは，大変だと思う。

　　　大部分の食べ物を外国からの輸入に頼っているから心配だ。

・Ａの状況の具体例

　課題意識が明確で，より具体的に書く内容を想起している。

　例：食料の自給率が低くて，このままだと，食料を確保することが大変になるかもしれない。

　　　農業をする人の高齢化が進んでいるので，このままだと，日本で農作物が作れなくなるかもしれない。

【Ａ児が選んだ最近のニュースの中での日本のピンチ】

月日	内　　容	情報元
10/31	ハロウィンで大混雑	テレビ
11/1	農業の未来　現場との政策のズレ	ネット
11/2	外国人労働者の増加	テレビ
11/3	ＢＣＧワクチン出荷停止	ネット
11/4	クレジットカード番号盗用被害が急増	新聞
11/5	北海道で初雪	ネット
11/6	ズワイガニの出荷が半減	テレビ

A君，将来に向けてこのままでは大変と思うことはどれかな？ハロウィンとかは今の問題と思うよ。農業や漁業については，社会の時間に問題点が出てきていたね。もう一度社会科の教科書を見てみよう。
■このようなやりとりが交流の中であり，Ａ児は，漁業で働く人が減っているということをテーマに選んだ。

●どの子供もＢ以上になるための手立て

　第１次第２時のように，互いの「何とかしないといけない日本のピンチ」について発表，交流する時間を設ける。交流する中で「どうしてそう思うの？」，「それは，今の問題じゃない？」，「確かにそうだよね。」など，グループ内のやりとりを通して伝えたいことが明確になってくる。

②「思考・判断・表現　Ｂ　書くこと　エ」の指導と評価
●Ａ・Ｂとなる状況

・Ｂの状況

　用意した様々な資料の中から裏付けとなる効果的な資料を選び，主張文の中で用いることができている。

→ここでは，小学生に分かりやすい統計資料が載った書籍をあらかじめ教室内に用意しておく。（用意した資料：各社の社会科資料集・子ども年鑑・朝日ジュニア学習年鑑）

・Aの状況の具体例

　用意した資料だけでなく，自分で調べて，最適な資料を選び，主張文の中で用いることができている。

●どの子供もB以上になるための手立て

　ここでも，指導計画第3次第11時のように，交流の場を設ける。その中で，選んだ資料のどの部分を使うか，なぜそこを使いたいかを述べ，その使い方が効果的かどうかを話し合う。この話合いによって，客観的な視点を加えて資料選びができる。

  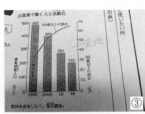

出典：①「小学社会」5年（日本文教出版，令和元年度版）②『朝日ジュニア学習年鑑2017』（朝日新聞出版）③『日本のすがた2017日本国勢図会ジュニア版』（公益財団法人矢野恒太記念会）

私は，③を選ぼうと思います。そうね，①のグラフは，途中で統計の取り方が変わっているから分かりにくいんじゃないかな。②のグラフは数値の変化がすごく分かりやすい書き方になっているね。③は棒グラフで農業で働く人の減少と，折れ線グラフで65歳以上の人の割合を表しているから，農業で働く人が減っているだけでなく，高齢化も進んでいるということが分かるんじゃないかな。いいと思うよ。でも，Bさんのテーマは，農家が減ってきていることなので，両方あったら分かりにくくならない？　②は，1965年から2005年の40年間の変化だけど，③は，1990年から2016年の26年の変化になっているね。②も年齢別になっているよ。②は，最初の10年間で半分近くまでなっているからインパクトがあるね。

　どの子もB以上になるためには，年間にいくつかある「書くこと」のどの単元でどの力を付けるのかを右の表のようにカリキュラムマネージメントすることが大切である。本単元では指導のねらいを「題材の設定，情報の収集，内容の検討」，「記述」におき，自分のテーマに応じた資料を選び，その資料の引用する時の書き方，事実と意見を区別して書くことに絞ることとした。このことで，書くことが苦手な子でも書きやすくなる。一方で，国語が得意な子は，自分の考えを明確にして書いたり，複数の資料を使ったりすることも期待される。

【「書くこと」指導事項マトリックス表】

（松崎　憂子）

⑪ 「読むこと（物語文）」の指導と評価プラン

学　年：第6学年
単元名：登場人物の関係をとらえ，人物の生き方について話し合おう
教　材：「海の命」（光村図書6年），並行読書材
時間数：全8時間

1　単元の指導目標

(1)語句と語句との関係を理解し，語彙を豊かにすることができる。　　　　　　（知・技(1)オ）
　　情報と情報との関係付けの仕方を理解し，使うことができる。　　　　　　　（知・技(2)イ）

(2)登場人物の生き方に目を向けながら，複数の物語を比べて読み，自分の生き方について考え
　　たことを共有し，まとめることができる。　　　　　　　　　　　（思・判・表Cイ，エ，オ）

(3)登場人物の生き方について，自分の考えを進んで友達と話し合おうとすることができる。

　　　　　　　　　　　　　　　　　　　　　　　　　　　　　　　　　（学びに向かう力等）

2　単元の評価規準

知識・技能	思考・判断・表現	主体的に学習に取り組む態度
・登場人物同士の相互関係を表す言葉を選んで，相関図に書いている。（(1)オ） ・複数の人物の生き方を結び付けて，考えている。（(2)イ）	・「読むこと」において，読書会に向けて考えをまとめるために，登場人物の相互関係や心情などについて，描写を基に捉えている。（Cイ） ・「読むこと」において，人物像や物語の全体像を具体的に想像したり表現の効果を考えたりしたことを，読書会で話し合っている。（Cエ） ・「読むこと」において，文章を読んで理解したことに基づいて，自分の生き方について文章に書きまとめている。（Cオ）	・登場人物の生き方について，自分の考えを進んで友達と話し合おうとしている。

3　言語活動を通した指導と評価のポイント

①言語活動の特徴と評価のポイント

　本単元における言語活動として，「物語を読み，自分の生き方について考えたことを伝え合う」ことを位置付ける。まずは，教科書教材である「海の命」を読み，叙述を基に，人物相関図に太一やその他の登場人物との関係性や，人物の生き方が最も表れていると考えられるセリフをまとめ，それぞれの人物の生き方に迫っていく。

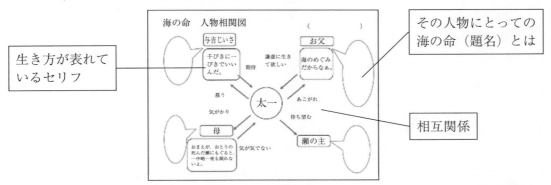

　人物相関図を基に，ミニ読書会を開き，友達と意見を交わす中で，自分の考えを深めていく。3回のミニ読書会は，①疑問解決読書会→②題名と人物像をつなげる読書会→③生き方について考える読書会の順で進める。これは第3次で行う並行読書材での読書会の流れでもあり，毎回子供たちに何のための読書会なのかという目的意識をはっきりもたせることが重要になる。

　単元のゴールとして，教科書教材と並行読書材を読んで考えた，自分の生き方について，「生き方作文」としてまとめる。生き方作文は，「①始め，②登場人物の簡単な紹介，③その人物の生き方が表れているセリフ，④そこから自分が考えた，その人物の生き方，⑤自分がどう生きていきたいか」という構成とする。6年生の子供たちが，卒業・進学を控え，自分の生き方についてどのように考えたのか，家族に伝える機会としたい。

②単元における評価のポイント

　この単元では，読書会を行い友達と話し合う中で考えを深めていく。読書会での発言だけで評価を行うことは難しい。そこで，人物相関図を読書会のメモとして使用し，子供たちの考えたことが集約されたシートとなるようにする。ミニ読書会ごとに，加筆する際の字の色を決めておくことで，話合いを重ねる中での考えの変化や深まりの足跡が残り，個人の成長を評価することができる。

　生き方作文では，物語の中の登場人物を自分自身と比較したり，つなげたりして生き方を考えられているかが評価のポイントとなってくる。今までの経験や学習して初めて考えた自分自身の生き方について自分なりの言葉でまとめさせたい。

4 単元の指導と評価の計画（全8時間）

次	学習活動と指導のポイント（○）	評価規準（【 】）と評価方法（・）
1	①既習の伝記や随筆の学習で「生き方」について，考えたことを想起し，物語を読んで「生き方」について考える学習の見通しをもつ。 ○学習の手掛かりとして，教師の生き方作文を示す。 ○「海の命」の中で，登場人物の生き方が表れている言動に着目するよう，促す。	【態】読書会や生き方作文に感心をもち，学習の見通しをもとうとしている。 ・発言 【思】登場人物の生き方が最も表れていると感じる言動を選んでいる。（Cイ） ・人物相関図
2	②太一と周囲の人物との関係性を捉え，人物相関図にまとめる。 ○登場人物の心情を表す叙述を抜き出すだけでなく，適した言葉を自分で見付けられるようにするために，関係を表す語彙表を提示する。	【思】登場人物の相互関係について，描写を基に捉えている。（Cイ） 【知】登場人物の相互関係について，捉えたことを適切な言葉で書いている。（(1)オ） ・人物相関図
	③「海の命」を読んで生まれた疑問点を話し合う。読書会ステップ① ○言葉の意味等すぐに解決する話題はグループで，太一とクエの関係性など，解決しにくい話題は，学級全体で話し合う場を設定する。	【思】複数の描写を基に具体的に想像し，疑問点を解決している。（Cエ） ・発言
	④太一や，その他の登場人物にとっての"海の命"とは何か話し合う。 読書会ステップ② ○生き方についての考えを深めるために，人物像と題名のつながりを考えさせる。	【思】叙述や読んだことを基に，登場人物それぞれの生き方が現れた"海の命"を考えている。（Cエ） ・人物相関図
	⑤「海の命」の登場人物の生き方について読書会を行う。読書会ステップ③	【思】登場人物の生き方について，叙述を基に，想像したり考えたりしたことを話し合

	○話し合ったことを整理するために，グループで1枚の人物相関図を用意する。 ○前時までに書き込んだ人物相関図は話合いをするためのメモとして使うよう指導する。	っている。（Cエ） ・人物相関図
3	⑥並行読書材での読書会を行う。 ○並行読書を行う中で，宿題等で人物相関図を書かせておく。 ○「海の命」で行ったステップ①から③の読書会の手順を確認する。 ○同じ本を選んだ子供同士4人程度でグループを作る。 ○話し合ったことを整理するために，グループで1枚の人物相関図を用意する。	【思】並行読書材の人物像や物語などの全体像や生き方を具体的に想像したり，考えたりし，読書会で話し合っている。（Cエ） ・人物相関図
	⑦「海の命」と並行読書材をつなげて考え，「生き方読書会」を行う。 ○第5・6時の学習で，グループでまとめた人物相関図を用意し，生き方を比較して共通・類似・反対等の分類を行わせ，自分の生き方とつなげるようにする。 ○自分の考えを整理し，次時の作文に生かすために，構成メモを書く時間を設定する。	【知】複数の人物の生き方を結び付けて考えている。（(2)イ） ・構成メモ
	⑧自分の生き方について考えたことを文章化する。	【思】「海の命」や並行読書材を読んで理解したことから，自分の生き方について考えたことを文章に書きまとめている。（Cオ） ・生き方作文

5 指導と評価の実際

① 「思考・判断・表現　C　読むこと　エ」の指導と評価

●A・Bとなる状況

・Bの状況

　人物像や物語の全体像について，読書会を経て考えが深まったり変化したりしたことを，人物相関図に表している。

・Aの状況の具体例

　人物像や物語の全体像について，読書会を経て考えが深まったり変化したりしたことを，人物相関図に具体的な言葉で示している。

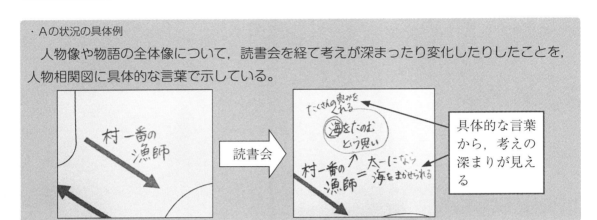

●どの子供もB以上になるための手立て

　第2次で目的別にミニ読書会を3回行うことで，読書会で何を話し合うのかを子供たちが明確につかめるようにする。読書会での友達の発言を，自分の意見と比較できるように，共通・類似・反対の視点を提示し，話を聞いたり，人物相関図へ書き込んだりする際の手助けとする。

●Cの状況の子供への支援の具体例

　グループのまとめとして作る1枚の人物相関図から，自分の考えに近い部分を真似したり，友達がどのように人物相関図に書き加えているかを参考にしたりできるようにする。

② 「知識・技能　(1)言葉の特徴や使い方に関する事項　オ」の指導と評価

●A・Bとなる状況

・Bの状況

　叙述から，関係性を表すのに適している表現を抜き出し，人物相関図に書いている。

・Aの状況

　叙述を基に考えた，関係性を表すのに適している言葉を選び，人物相関図に書いている。

●どの子供もB以上になるための手立て

　関係性を表す語彙表を作り，提示することで，参考にできるようにする。

●Cの状況の子供への支援の具体例

　関係性を一言で表すことが難しければ，短文になってもよいことを伝え，関係性が伝わる文章を抜き出せるようにする。

③「思考・判断・表現　C　読むこと　オ」の指導と評価

●A・Bとなる状況

> ・Bの状況
>
> 　登場人物と自分をつなげて考えた生き方を，生き方作文に書いている。

・Aの状況の具体例

①複数の登場人物と自分をつなげて考えた生き方を，生き方作文に書いている。

②登場人物と自分をつなげて生き方を考え，自分自身の今までやこれからについて具体的に，生き方作文に書いている。

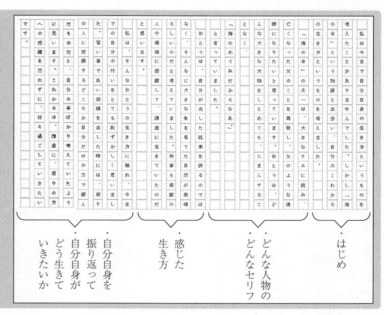

・自分自身を振り返って自分自身がどう生きていきたいか
・感じた生き方
・どんな人物のどんなセリフ
・はじめ

●どの子供もB以上になるための手立て

　第7時の最後に，読書会を終え，生き方についてどう感じているかを簡単にまとめる構成メモを用意し，登場人物や自分とのつながりを捉えられるようにする。

●Cの状況の子供への支援の具体例

　登場人物と自分自身を比較し，共通・類似・反対のどれに当てはまるか考えながら，「どう生きていきたいか」とは「自分もこうなりたい」でもあることに，視点を広げられるようにする。

（樋口　麻子）

12 複合単元「読むこと（説明文）・書くこと」の指導と評価プラン

学　年：第6学年

単元名：日本文化のよさを家族や友達に伝えよう〜Japanese culture パンフレット〜

教　材：「『鳥獣戯画』を読む」，「日本文化を発信しよう」（光村図書6年），並行読書材

時間数：全11時間

1　単元の指導目標

(1)読書に親しみ比喩や反復などの表現の工夫に気付きながら文章を読むとともに，思考に関わる語句の量を増し，文章の中で使うことができる。　　　　　　　　　　　　（知・技(1)オ，ク）

(2)筋道の通った文章となるように，文章全体の構成を考え，目的に応じて事実と感想，意見を区別したり，引用したり，図表やグラフなどを用いたりして，自分の考えが伝わるように書き表し方を工夫することができる。　　　　　　　　　　　　　　　　　　（思・判・表Bイ，ウ，エ）

(3)事実と感想，意見などとの関係を，叙述を基に押さえ，文章全体の構成を捉え，目的に応じて，文章と図表などを結び付け必要な情報を見付けたり，論の進め方について考えたりすることができる。　　　　　　　　　　　　　　　　　　　　　　　　　　（思・判・表Cア，ウ）

(4)表現の工夫を捉えようと進んで読書をするとともに，読書から得た情報から生まれた自分の思いや考えを文章にして伝えようとしている。　　　　　　　　　　　　（学びに向かう力等）

2　単元の評価規準

知識・技能	思考・判断・表現	主体的に学習に取り組む態度
・パンフレット作成に活用するために，比喩や反復などの表現の工夫を見付けながら読んでいる。（(1)ク） ・評価する言葉や表現の効果に気付きながら文章を読み，日本文化を評価する文章に活用している。（(1)オ）	・「書くこと」において，日本文化を伝えるために，パンフレット全体の構成を友達と決め，自分の担当の文章の割り付けや構成を考えて書いている。（Bイ） ・「書くこと」において，自分の考えが相手に伝わるよう，事実と感想，意見を区別して文章を書いている。（Bウ） ・「書くこと」において，自分の考えが伝わるよう，引用したり図表と結び付けたりして文章を書いている。（Bエ） ・「読むこと」において，事実と感想，意見などとの関係を，叙述を基に押さえて	・パンフレット作成に向けて，表現の工夫を見付けるために，日本文化について進んで読書し，得た情報を自分の考えが伝わるような文章を書くために活用しようとしている。

読んでいる。（Cア）
・「読むこと」において，論の展開，表現の工夫，文章と図表と文章の結び付け方などを自分の考えを伝える工夫を読んでいる。（Cウ）

3　言語活動を通した指導と評価のポイント

①言語活動の特徴と評価のポイント

　「Japanese culture パンフレット」を作成することで，最終的には読むこと，書くことの双方の評価規準を見取ることとする。パンフレットは，事物や場所について説明をしたり，よさを伝えたりするものである。ここでは，「日本文化のよさ」を家族や友達に伝えることを目的とし，日本文化の事実を正確に伝えるとともに，子供の考える文化のよさを明確に伝える文章を評価したい。

　まず見出し，リード文，小見出しの三点（□部分）が子供の伝えたいことを強調した文章や語になっているか。次に，文章が事実と感想，意見を区別して書かれているか（□部分）。そして，自分の考えや思いを伝えるのに，絵や図表を文章と結び付けて効果的に利用しているか（┈┈┈と□部分）を評価する。

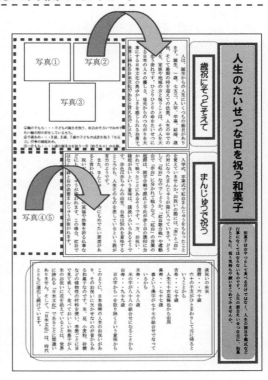

②単元における評価のポイント

　第２次では，書くために「読むこと」での指導を行うが，ここでは，読んで得た情報を１時間ごとにワークシートにまとめたことで評価する。事実と感想，意見の区別や論の展開，表現の工夫，文章と図表の結び付け方等を教材文から読み，得た情報を知識として次に生かしていく。第３次では「書くこと」の技能として，読んで得た知識を活用してパンフレット作成につなげていき，個々の表現力の向上を目指して評価する。

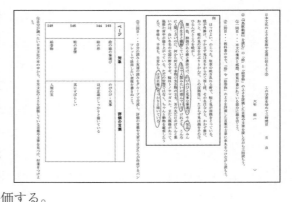

4　単元の指導と評価の計画（全11時間）

次	学習活動と指導のポイント（○）	評価規準（【　】）と評価方法（・）
1	①教師の「Japanese culture パンフレット」を見たり，日本文化を知る本のブックトークを聞いたりして学習の見通しをもつ。 ○社会科で学んだ日本の文化を思い出すために資料集や教科書の写真を提示する。 ○日本文化を知る本のブックトークを学校司書とともに行う。 ○家族や友達に「日本文化」を伝えるパンフレット作成に向けての並行読書を始め，伝えたいことをメモにとるよう指示する。	【態】パンフレット作成に向けて，学習の見通しを立て，ブックトークで紹介された本を進んで読もうとしている。 ・発言やブックトークでの対話を通して加点的に評価する。
2	②教材文「『鳥獣戯画』を読む」を絵と文章を照らし合わせながら読み，パンフレット作成に向けての読み方を学習する。 ○ワークシートを用意し，絵と文章を結び付けながら読む方法を指導する。 ○絵の事実と絵を見た感想，絵から想像したことや意見を区別するために文末表現等に着目して読むことを指導する。 ③教材文，並行読書材等から事物を評価する文章や言葉を見付け，パンフレット作成に活用できるよう，ワークシートにまとめる。 ○評価する文末表現，言葉を知識として得られるよう，並行読書材だけでなく，百科事典，国語辞典，類語辞典等を用意する。 ④⑤教材文の作者（高畑勲氏）の工夫を論の展開，表現の工夫，絵の示し方という三つの視点から見付ける。 ○部分と全体，現代と昔をどのように比較して示すと効果的であるかを考え，グループや学級全体で話し合う時間を設定する。 ○比喩や反復，体言止め等の表現効果の具体例を示す。	【思】絵と文章を結び付けながら読むことで，事実と感想，意見の関係を読み，文章全体の構成を捉えながら読んでいる。（Cア） ・ワークシートへの記述から事実と感想，意見の区別をしているかを分析して評価する。 【知】評価する言葉や文章を見付けながら読んでいる。（(1)オ） ・ワークシートの記述から，評価語彙を増やしているかどうかを分析して評価する。 【思】論の展開，表現の工夫，絵の示し方等を基に，作者の考えをより適切に伝えるための論の進め方について考えている。（Cウ） ・ワークシートの記述から論の進め方についての理解度を測り評価する。 【知】比喩や反復，体言止めの効果を表現の工夫として見付けている。（(1)ク）

	○論の展開に合わせた絵の示し方でページを分けてまたがせることの具体的効果を示す。	・ワークシートの記述で理解を評価する。
3	⑥並行読書から選んだ「伝えたい日本文化」が共通の子供４，５人でグループを組み，パンフレットの構成を話し合う。 ○自分が追究したいテーマとグループで伝えたいテーマの擦り合わせをしながら，構成を考えるよう促す。	【思】目的に合ったパンフレットの構成を考え，グループでの話合いで決定している。（Ｂイ） ・ノートへの記述から，自分のテーマとグループ全体のテーマとの関係性を捉えたパンフレット構成を考えているかを評価する。さらにグループでの話合いの様子を加点的評価する。
	⑦「伝えたい日本文化」について詳しく調べる。 ○詳しく調べられるよう，複数の本を重ねて読むことを指示する。特に百科事典は活用するよう促す。	【思】自分の伝えたい日本文化について複数の本から調べ，構成を考えている。（Ｂイ） ・構成メモの記述から，伝えたい事柄の内容（事実と感想，意見）と展開が，目的と読み手を意識しているものかを分析して評価する。
	⑧⑨教材文で得た知識（評価する表現，よさを説明する文章，写真や絵の示し方，論の展開法等）を活用しながら，パンフレットを作成する。 ○前時までに学習した表現方法のポイントをまとめたものを提示する。さらに，ワークシートやノートを見返しながら下書きをするよう指導する。	【思】調べた内容の事実と自分の考えを区別して文章を書いている。（Ｂウ） ・下書きの記述から，事実とそれ以外を混同していないかを分析して評価する。 【思】引用や絵，図表を使って，自分の考えを効果的に伝える文章を書いている。（Ｂエ） ・下書きの記述から，絵と文章が結び付いているかを分析して評価する。
	⑩グループで下書きを読み合い，推敲しながら清書する。 ○誤字脱字だけでなく，教師がまとめた表現ポイントを再度提示し，推敲ポイントとして確認する。	・清書の記述から，最終的な文章の評価をする。
	⑪違うグループのパンフレットを読み，説明のよさを伝え合う。 ○よさの交流，共有するための付箋を用意する。	【思】友達の文章表記のよさを見付けている。（Ｂエ） ・付箋への表記から評価する。

5　指導と評価の実際

①「思考・判断・表現　B　書くこと　イ」の指導と評価

●A・Bとなる状況

・Bの状況

　パンフレットの見出し，リード文，小見出しが関連した表現となっている。リード文が見出しを説明する文章となり，リード文への回答が小見出しの表現となっていて，全体として筋道が通った文章となる構成となっている。

【A評価パンフレット例】

・Aの状況の具体例

・見出し…テーマである言葉（和菓子）＋伝えたい言葉（人生のたいせつな日）を使用している。

・リード文…読み手に，思いや願いをこめて呼びかける文章（祝いの日に和菓子を添えてほしい）にしている。

・小見出し…一段目→二段目→三段目と一般的に広く知られている内容から知られていない難しい内容へとつながっている構成となっている。

●どの子供もB以上になるための手立て

　見出しと小見出しに共通の言葉（キーワード）を使用するよう指導する。そのキーワードが，自分の一番伝えたい内容のキーワードであることを確認させることで構成をB評価になるようにする。（ここでは「祝う」）

●Cの状況の子供への支援の具体例

　構成についてCの状況である子供は，書きたいことが見付からず材料が不足しているか，書きたいことが分散しすぎていることが考えられる。そこで，もう一度取材の段階に戻り，題材の設定や情報の収集を見直して構成メモを修正するよう示唆する。特に，材料不足の子供には，本での調べ方，複数の情報の結び付け方に課題が見られるので，伝えたいことの中心を明確にするため，「キーワード」の設定方法を指導する。

②「思考・判断・表現　B　書くこと　ウ」の指導と評価

●A・Bとなる状況

　「C読むこと　ウ」の学習を活用しながら「『鳥獣戯画』を読む」での筆者の表現の工夫を見付け，ワークシートにまとめている。そして，「書くこと」の学習で，筆者の表現の工夫を一つ活用して文章を書いている。

　「読むこと」の学習を行っている時から，自分が活用したい表現方法の工夫を見付けながら読んでいるかをワークシートの記述から評価する。

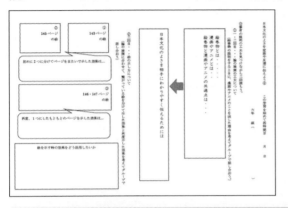
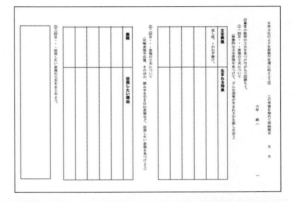

●どの子供もB以上になるための手立て

　評価する表現を使えるよう，「評価表現ヒントブック」を用意する。自分のワークシートに書き抜きした「『鳥獣戯画』を読む」で見付けた表現を別の文章で活用した例を示したヒントブックとする。また，文章を書き終えた後に，もう一度図表や写真の選択をするよう助言する。その際，文章中にある言葉から伝えたいことの中心として設定している「キーワード」を説明する図表や写真であるとよいことを指導する。

●Cの状況の子供への支援の具体例

　文章表記が苦手な子供には，調べた本からの「引用」とそれに対する「考え」を組み合わせて文章にする方法を指導する。そのために，取材段階に戻り，自分の伝えたい文章が書かれている箇所に付箋を貼りながら読むことから始める。　　　　　　　　　　　　　　（高原　純恵）

Chapter
4

ずっと使える！
小学校国語科
指導要録・通知表所見文例集

1 指導要録・通知表所見欄書き方のポイント

　2020年から全面実施の学習指導要領は，平成28年の中央教育審議会答申を踏まえ，「知識及び技能の習得と思考力，判断力，表現力等の育成のバランスを重視する平成20年改訂の学習指導要領の枠組みや教育内容を維持した上で，知識の理解の質を更に高め，確かな学力を育成すること。」を基本的なねらいの一つとしています。

　平成28年の中央教育審議会答申では，学習指導要領の下での学習評価の重要性を踏まえた上で，その基本的な考え方や具体的な改善の方向性がまとめられています。学習評価を行うにあたっての基本的な考え方として，

---

(1)　カリキュラム・マネジメントの一環としての指導と評価
(2)　主体的・対話的で深い学びの視点からの授業改善と評価
(3)　学習評価について指摘されている課題への対応

が，挙げられています。特に(3)については，「学期末や学年末などの事後での評価に終始してしまうことが多く，評価の結果が児童生徒の具体的な学習改善につながっていない」，「挙手の回数や毎時間ノートをとっているかなど，性格や行動面の傾向が一時的に表出された場面を捉える評価であるような誤解が払拭しきれていない」などの課題が指摘されています。指導要録や通知表の所見欄記入の目的を明確にする必要があります。

1　指導要録と通知表所見について

　指導要録は，児童生徒の学籍並びに指導の過程及び結果の要約を記録し，その後の指導に役立たせるとともに，外部に対する証明等の際の原簿となるものであり，20年間保存される公文書です。記入する時期は学年末ですが，3月になってから急いで資料を集めるのではありません。1学期，2学期と学びの課程と結果を記録しておかなければなりません。また，学期ごとの学習評価の記録に加え，年度末の評価結果を追記し，1年間の児童生徒の学びに対しての評価をすることになっています。次の学年の教師は，その記録を参考にし，指導に生かしていきます。つまり，様々な人の目に触れることを考えて，言葉を吟味する必要があるのです。

　一方，通知表は，各学校において，子供自身や保護者に学習状況を伝え，その後の学習を支援することに役立たせるために作成されているものであり，その扱い，記載内容や方法，様式などは各学校の判断で適宜工夫されています。通知表の所見欄への記述は，学期ごとに，直接保護者に伝える大切なメッセージです。教師がどのような指導をしてきたのか，それに対して，児童生徒はどのように学び，どのような力を身に付けたのかを明確に，かつ，簡潔に表現しな

ければなりません。抽象的な表現ではなく，具体的な例を挙げて伝えるのも保護者にとって分かりやすくてよいでしょう。

　このように，指導要録，通知表は，それぞれ作成の目的や機能が異なっているものです。

2　カリキュラム・マネジメントの一環としての指導と評価

　「学習指導」と「学習評価」は，学校の教育活動の根幹であり，教育課程に基づいて，組織的かつ計画的に教育活動の質の向上を図る「カリキュラム・マネジメント」の中核的な役割を担っています。国語科の場合，育成したい資質・能力は何かをまず見極め，その資質・能力を育成するためにふさわしい言語活動を設定し，単元を構成していきます。教材研究の際，児童の実態に応じて，どのように指導していくのか指導過程を考えます。その際，児童の「おおむね満足できる状況」と「満足できる状況」，「努力を要する状況」を教師同士でよく話し合います。このことこそが大切なのです。よく，単元の学習が終わってから，「この子はAかな。よくできているな。」，「この子は，全く分かっていなかった。」などという言葉が聞かれることがあります。これでは，「学習指導」と「学習評価」は，別々のものとなってしまいます。単元の学習指導をする前の教材研究の段階で，評価規準を明確にしておきます。このことが，指導要録や通知表の記述にもつながっていくのです。

3　学習の結果と過程

　指導要録や通知表には，学習の結果だけを記述するのではありません。「漢字を正確に覚えて書けました。」，「漢字の習得はできませんでした。」などのように，「できた」，「できなかった」ではなく，「川という漢字と川の絵を結ぶような指導をすることで，漢字に対する関心が高まり，自分から進んで他の漢字にも興味をもつようになりました。」，「6年生のお兄さんに手紙を書く活動を通して，文章を読み返したり，字の間違いを正したりすることができるようになりました。」など，指導に基づいた学びの過程を記述するようにすると，教師が，「どのような指導をした結果」，子供は，「何ができるようになったのか」を明確に伝えることができます。そして，そのことは，今後の指導へとつながり，教師自身の授業改善にもつながるのです。

4　保護者からの信頼を得るために

　評価規準や評価方法について，学年全体，学校全体で共有することが必要です。何の説明もなく，「あなたのお子さんは，C（努力を要する状況）です。もっと，がんばりましょう。」と言われても，不信感が増幅するばかりです。「先生，何をどうがんばればよいのですか？」と

いった思いをもたれてしまうことにもなりかねません。学級懇談会や学年懇談会で，保護者に対し，評価に関する仕組みについて事前に説明したり，個別懇談会で，評価結果について丁寧に説明したりするなど，評価に関する情報をより積極的に提供し，保護者の理解を図ることが大切です。評価は，「○○ができていました。」，「△△ができていませんでした。」など，学習の結果だけをいうものではないからです。

5　情報開示に向けて

　「小学校，中学校，高等学校及び特別支援学校等における児童生徒の学習評価及び指導要録の改善等について（通知）」が，平成31年３月29日に文部科学省より出されました。その中に，「域内の（学校）設置者の判断により，指導要録の様式を通知表の様式と共通のものとすることが現行の制度上も可能であること」が挙げられています。つまり，ある条件の下，指導要録と通知表をリンクさせることができるというものです。そうなると，さらに指導要録の文章表記には，細心の注意を払わなければなりません。そうでなくても，保護者がある一定の手続きをとり，指導要録の開示請求をすれば，その文章は，保護者に届くことになります。いずれにせよ，開示に耐えうる文章でなくてはならないのです。

【記述をするための具体的なポイント】

指導の結果だけでなく，過程も記述する	事実を記述する	学びの成果をプラスの言葉で記述する
課題に対してあたたかい言葉で記述する	文末表現は，肯定的に記述する	人権感覚を磨く
継続を褒める		褒め言葉，励ましの言葉
長所を記述する		指導者の願いも記述する

6 観点ごとの所見の文例

①知識・技能の観点の文例

　知識・技能については，国語科における学習の過程を通した知識及び技能の習得状況について評価を行うとともに，それらを既有の知識及び技能と関連付けたり活用したりする中で，他の学習や生活の場面でも活用できる程度に概念等を理解したり，技能を習得したりしているかを評価します。

・好きな物語を紹介する活動を通して，主人公がどんな人物かを表す言葉を習得し，友達同士の会話等でも積極的に使う姿が見られました。
・地域交流でお世話になった高齢者に対するお礼の手紙を書く活動で，習った敬語を適切に使い，心のこもった手紙を書くことができました。
・「本，大好き！」の学習の後，積極的に学校図書館を訪れ，物語や科学的な読み物，図鑑など，様々なジャンルの本を手に取るようになりました。

②思考・判断・表現の観点の文例

　思考・判断・表現については，国語科の知識及び技能を活用して課題を解決する等のために必要な思考力，判断力，表現力等を身に付けているかどうかを評価します。

・好きな物語を紹介する活動を通して，同じ本や文章を読んでも一人一人感じ方が違うことに気付き，授業の中で，自分とは違う友達の考えを受け入れることができるようになりました。
・地域交流でお世話になった高齢者に対するお礼の手紙を書く活動で，自分の書いた文章の間違いを正したり，相手を意識した表現になっているかを確かめたりすることができました。

③主体的に学習に取り組む態度の観点の文例

　国語科の知識及び技能を獲得したり，思考力，判断力，表現力等を身に付けたりするために，自らの学習状況を把握し，学習の進め方について試行錯誤するなど自らの学習を調整しながら，学ぼうとしているかどうかという意思的な側面を評価します。

・音読発表会を行う活動を通して，毎日授業が始まると同時に，進んで，声に出して練習したり，友達とアドバイスをし合ったりして，納得のいく音読ができるように努力していました。
・「新聞をつくる」学習活動において，実際の新聞を提示することで，自分で課題を見付け，本で調べたり，インタビューしたりして，取材を充実させていました。

（山﨑　悦子）

1 観点ごとの所見文例

観点	文例
知識・技能	○音読に熱心に取り組み，明瞭な発音で語のまとまりに気を付けて，様々な文章を音読することができました。((1)ク) ○会話文におけるかぎ（「　」）の使い方を理解し，文章の中で適切に使って，様子を生き生きと書き表すことができました。((1)ウ) ○色々な物語を読み，物語の楽しさや面白さを感じながら，読書に親しむことができました。((3)エ)
思考・判断・表現	○夏休みにしたことから紹介する話題を選び，学級の友達に聞こえる声で話すことができました。（Aア，ウ） ○出来事の順序がうまく伝わるように，時間や事柄の順序を表す言葉を適切に使い，文章を書くことができました。（Bウ） ○「問い」と「答え」の照応になっている文章のつくりを理解し，内容の大体を捉えて読むことができました。（Cア）
主体的に学習に取り組む態度	○繰り返しの言葉やリズムを楽しんで，進んで音読を工夫しようとすることができました。 ○幼稚園生にお気に入りの昔話を紹介することに向けて，色々な昔話を読み，誰が，どうして，どうなったお話なのかを捉えるために，何度も意欲的に読み返そうとすることができました。 ○お世話になっている相手に学校でがんばっていることを手紙で伝えることに向けて，書いた文章を音読しながら何度も読み返し，間違いがないか確かめようとすることができました。

2　言語活動を通した学びを中心とした所見文例

言語活動例	文例
「音読劇をしよう」	○「音読劇をしよう」の学習では，好きな場面の叙述を基に登場人物がどのような表情・口調・様子だったのかを想像し，様子が伝わるようにグループで何度も練習をして，楽しみながら音読劇をすることができました。
「生き物クイズ大会をしよう」	○「生き物クイズ大会をしよう」の学習では，教科書の文章だけでなく，図鑑からも大事な言葉や文を見付けてクイズを作り，友達とクイズを出し合うことを楽しむことができました。
「乗り物ひみつずかんを作ろう」	○「乗り物ひみつずかんを作ろう」の学習では，お気に入りの乗り物の「やくわり」や「つくり」，「すごいと思ったひみつ」を図鑑や本から見付けて順序よくワークシートに書き，意欲的に学級の友達に紹介することができました。

3　個人内評価（年度当初と比較しての伸び）を中心とした所見文例

ケース例	文例
音読に伸びが見られる場合	○年度当初は，ひとまとまりの語や文として読むことに苦手意識が見られたのですが，毎日音読を練習するにしたがって，語のまとまりに気を付けて教科書を読むことができるようになってきました。
文字を書く力に伸びが見られる場合	○４月当初は，文字を書くことに抵抗があったのですが，毎日繰り返し練習するにしたがって，文字の形に注意しながら丁寧に書くことができるようになってきました。
対話する力に伸びが見られる場合	○１学期は，相手の話を聞いて感想を言うことが難しかったのですが，話の内容に対して，自分が興味をもったことや感心したことなどを伝えることができるようになってきました。

（謝花　しのぶ）

1 観点ごとの所見文例

観点	文例
知識・技能	○好きなことや得意なことを相手に正確に伝えるために、姿勢や発音に気を付けて話すことができました。((1)イ) ○手作りおもちゃの作り方を、作り方の順序（情報と情報との関係）に気を付けて説明することができました。((2)ア) ○シリーズ作品を読み、好きな作品を選んだり、お気に入りの場面や登場人物を見付けたりして読書に親しむことができました。((3)エ)
思考・判断・表現	○話し手の話の内容を集中して聞き、自分の体験などと結び付けながら感想を言うことができました。（Aエ） ○想像した物語の内容が明確になるように、出来事の順序に沿って配列し、物語の構成を考えることができました。（Bイ） ○生き物の「すごい」と思ったことに関わる重要な語や文を、図鑑や本から考えて選び出すことができました。（Cウ）
主体的に学習に取り組む態度	○動物ひみつクイズを作ることに向けて、「すごい」や「初めて知ったこと」を探しながら、進んで動物について書かれた図鑑や科学的な読み物を読もうとすることができました。 ○一人で音読したりペアで音読したりするなど、繰り返し音読をし、言葉のリズムやイメージの広がりを楽しみながら学習を進めようとすることができました。 ○手作りおもちゃの作り方を説明することに向けて、身近な人に聞いたり本で調べたりしたおもちゃの作り方を、メモを見ながら何度も練習し、相手に分かりやすく伝えようとすることができました。

2　言語活動を通した学びを中心とした所見文例

言語活動例	文例
「お気に入りのお話を紹介しよう」	○「お気に入りのお話を紹介しよう」の学習では，シリーズ作品を読む楽しさを味わいながら，お気に入りのお話の好きな場面とそのわけを１年生に分かりやすく紹介することができました。
「宝物を紹介しよう」	○「宝物を紹介しよう」の学習では，自分が大切にしているものの中から一番紹介したいものを選び，その宝物のよさや特徴がはっきり伝わるようにメモを見ながら紹介することができました。
「お話を作ろう」	○「お話を作ろう」の学習では，自分が書きたいと思った内容にするために，絵を見て想像した出来事を何度も並び替えながら楽しんで作ることができました。

3　個人内評価（年度当初と比較しての伸び）を中心とした所見文例

ケース例	文例
文章を書く力に伸びが見られる場合	○４月当初は，文章を書くことに対して苦手意識が見られたのですが，学習を積み重ねるにしたがって，書く力が伸びてきました。特に，経験したことを順序が分かるように書くことができるようになってきました。
説明文を読む力に伸びが見られる場合	○学年当初は，絵本だけに興味を示し読んでいたのですが，説明的な文章の学習をきっかけに科学的な読み物や図鑑などにも目を向けるようになり，読書のはばを広げることができました。
物語文を読む力に伸びが見られる場合	○１学期は，物語のあらすじを捉えることに対して苦手意識が見られたのですが，挿絵を手掛かりに，誰が，どうして，どうなったかなどを把握することを繰り返し学習するにしたがって，内容の大体を捉えることができるようになってきました。

（謝花　しのぶ）

1 観点ごとの所見文例

観点	文例
知識・技能	○ローマ字を使ったしりとりでは，拗音や濁音にも挑戦し，丁寧に書くことができました。((1)ウ) ○ことわざに興味をもって意味を調べ，自分の体験したことをことわざを使って例文に表し，ことわざカードにまとめることができました。((3)イ) ○国語辞典の使い方の学習では，言葉の並び方を理解し，言葉の意味をすばやく調べることができました。((2)イ) ○物語全体を通して，登場人物の気持ちが変わる様子を捉え，主人公の喜怒哀楽を表現力豊かに音読することができました。((1)ク)
思考・判断・表現	○話合い活動では，話し合う目的や進め方を意識しながら進行し，友達の意見の共通点や相違点を明確にしながら，司会係として上手に話合いをまとめることができました。(Aオ) ○案内状を作る活動では，日時や場所など必要な情報をもれなく書き，また，宛名や住所など基本的な形式を正しく押さえ，案内状を作ることができました。(Bア) ○働く犬を紹介するために，必要な言葉や文を選んで要約し，リーフレットにまとめることができました。(Cウ)
主体的に学習に取り組む態度	○漢字の学習に意欲的に取り組みました。間違えた漢字を何度も根気強く練習を続け，正しく覚えるために努力しようとすることができました。 ○あらすじをまとめることに向けて，何度も本を読み直して大事な言葉や文を探したり，友達に読んで聞いてもらったりしながら，納得がいくまで取り組もうとすることができました。 ○授業後のふりかえりカードに，分かったことや不思議に思ったことを書き，次時のめあてを明確にして学習に取り組もうとすることができました。

2 言語活動を通した学びを中心とした所見文例

言語活動例	文例
「働く犬をリーフレットで紹介しよう」	○「働く犬をリーフレットで紹介しよう」の学習では，紹介したい犬について，図鑑の目次や見出しを使って，伝えたいことが書いてあるページを的確に探すことができました。
「紹介します！わたしの町のここがすごい！」	○「紹介します！わたしの町のここがすごい！」の学習では，自分が住む町の紹介したいと思った場所やものについて，調べたことを分かりやすく伝えるために，話す内容の順番や話の内容に合った資料を考えて紹介することができました。
「物語を書こう」	○「物語を書こう」の学習では，登場人物の名前や性格などの設定を考えて「人物メモ」を作り，その性格に合うような人物の行動や会話を考えて，物語を書くことができました。

3 個人内評価（年度当初と比較しての伸び）を中心とした所見文例

ケース例	文例
漢字への興味が高まっている場合	○4月当初は，漢字に苦手意識が見られましたが，漢字には部首があることを知り，色々な漢字の部首を調べたり，同じ部首の漢字をノートに集めたりするなど，漢字への興味が感じられるようになりました。
話合いに自信をもてるようになった場合	○グループでの話合いでは，自分の意見を伝えることに苦手意識が感じられましたが，少しずつ話す機会が増えてきました。自分の考えに具体的な事例を挙げて話したことが，友達から分かりやすいと褒められたことをきっかけに自信をつけたようです。
文章を書く力に伸びが見られる場合	○文章を書く時には，何から書き出してよいのか考えが浮かばない様子がうかがえましたが，文章の組み立てのメモを作ることで，自信をもって自分の考えをまとめて書くことができるようになりました。

（長井　美紀）

1 観点ごとの所見文例

観点	文例
知識・技能	○スピーチでは，原稿ばかりを見ることなく相手の方を向いて話したり，言葉の強弱や間の取り方を注意したりして，自分の考えがより伝わるように工夫して話すことができました。((1)イ) ○パンフレット作りでは，本の中から必要な文を抜き出してかぎ（「　」）でくくったり，引用元の本のタイトルや著者を書いたりして，引用の仕方や出典の示し方を正しく理解してまとめることができました。((2)イ) ○リーフレット作りでは，リーフレットをまとめるために事典や図鑑を選び，目次や検索を利用して必要な情報を集めることができました。((2)イ)
思考・判断・表現	○インタビューでは，話の内容の順番に合わせて番号をうったり，記号や図を使ったりして，大事なことを分かりやすく整理してメモに取りながら話を聞くことができました。（Aエ） ○自分の考えを伝えるために，自分の考えをもった理由を具体的な事例を示しながら文の組み立てを考え，読む人に分かりやすくなるように工夫して文章を書くことができました。（Bウ） ○物語を読む「○○○」の学習では，主人公の気持ちの変化について友達の考えを聞き，「なるほど！」と，自分とは異なる考え方に新たな発見をし，物語を読み深めることができました。（Cカ）
主体的に学習に取り組む態度	○文章を書く学習では，自分の考えが伝わるように話の順番を考えたり，何度も読み返して推敲したりして，最後まで丁寧に取り組もうとすることができました。 ○3年生にクラブ活動を紹介することに向けて，どんな内容にすればよいか，また，どんな写真が必要かなど，めあてを意識して学習に取り組もうとすることができました。 ○生活アンケートの結果を報告することに向けて，授業後の振り返りには，「結果が分かるグラフを用意したい」など，次の時間に何が必要かを考え，見通しをもちながら学習を進めようとすることができました。

2　言語活動を通した学びを中心とした所見文例

言語活動例	文例
「３年生にクラブ活動を紹介しよう」	○「３年生にクラブ活動を紹介しよう」の学習では，大勢の前で話すという状況を意識して，声の出し方を考えたり，言葉遣いや目線に気を付けたりしながら友達と練習を重ね，本番はしっかりと３年生に紹介することができました。
「お礼の気持ちを伝えよう」	○「お礼の気持ちを伝えよう」の学習では，前文・本文・末文・後付けの手紙の形式に気を付けたり，書いた手紙を読み返して間違いがないかを確かめたりして，ゲストティーチャーに気持ちが伝わる手紙を書くことができました。
「音読劇をしよう」	○「音読劇をしよう」の学習では，登場人物の行動や会話から感じたことや想像したことを積極的に友達に伝え，声の大きさや読む速さなど人物の気持ちに合った読み方を工夫していました。

3　個人内評価（年度当初と比較しての伸び）を中心とした所見文例

ケース例	文例
漢字を用いる力に伸びが見られる場合	○苦手な漢字の練習にもあきらめずに取り組みました。繰り返し練習を重ね，文や文章の中で使えるようになっており，着実に力がついてきています。
音読する力に伸びが見られる場合	○場面の様子や人物の気持ちを捉えて音読することに苦手意識が感じられました。会話文に着目したり，友達の考えや読み方を参考にしたりして，練習を重ねるうちに読み方を工夫しようとする姿が見られるようになりました。
話す力に伸びが見られる場合	○人前で話す時には，緊張して早口になることがありましたが，話す速さや間の取り方などを考えて，話を聞いている人に伝わりやすい話し方を心掛けようとしています。

（長井　美紀）

1 観点ごとの所見文例

観点	文例
知識・技能	○習った漢字を正しく書いたり読んだり，文章の中で使ったりすることができました。((1)エ) ○丁寧語・尊敬語・謙譲語の違いを理解し，間違った敬語の使い方に気付くことができました。((1)キ) ○言葉の響きやリズムを確かめながら，親しみやすい古文や漢文を音読することができました。((3)ア) ○毛筆書写で学習したことを生かして，様々な用紙に合った文字の大きさを考え，文字を整えて書くことができました。((3)エ(ア))
思考・判断・表現	○自分の立場や考えが明確に伝わるように，事実と感想，意見を区別し，項目を立てて話すことができました。(Aイ) ○自分の考えが相手に分かりやすく伝わるように，本から一部を引用したり，図表を用いたりするなどの工夫をして文章を書くことができました。(Bエ) ○筆者の考えを，筆者が根拠に挙げた事実と結び付けて読み，文章全体の構成を捉え，要旨を把握することができました。(Cア) ○登場人物の行動や会話，情景などに着目して想像豊かに読み，登場人物の相互関係や心情を捉えて人物関係図にまとめることができました。(Cイ)
主体的に学習に取り組む態度	○地域で活躍している人を推薦するスピーチをするために，結論を最初に明確にすることや，理由がいくつあるかを述べることが大切であると考え，スピーチ原稿を何度も推敲して発表しようとすることができました。 ○話合いの学習では，自分と友達の意見を比較して共通点と相違点を見付け，話合いで何が問題点なのか，何をどのように解決すべきかをよく考えて，自分の考えを積極的に発言しようとすることができました。 ○伝記を読む学習では，様々な人物の伝記を自分と似ているところや違うところを見付けながら読み，心に残ったところや取り入れていきたいことを考えようとすることができました。

2　言語活動を通した学びを中心とした所見文例

言語活動例	文例
「提案する文章を書こう」	○「提案する文章を書こう」の学習では，学校生活の問題について話し合いました。そして，学校図書館の利用者を増やすために，利用状況を調査したり，アイデアを練ったりして，提案書を書くことができました。
「ノンフィクション作品を読んで自分の生き方について考えよう」	○「ノンフィクション作品を読んで自分の生き方について考えよう」の学習では，人物の生き方を描いたノンフィクション作品を読み，文章に描かれた人物の生き方や考え方と自分の経験や考え方などとの共通点や相違点を見付けて話し合い，自分の生き方について考えを広げることができました。
「おすすめカードで杉みき子作品をすいせんしよう」	○「おすすめカードで杉みき子作品をすいせんしよう」の学習では，杉みき子作品を友達や地域の図書館に来館する人に推薦するために，「かくまきの歌」を読んで作品の魅力を見付け，「おすすめカード」にまとめることができました。

3　個人内評価（年度当初と比較しての伸び）を中心とした所見文例

ケース例	文例
自分の考えを発表する力に伸びが見られる場合	○みんなの前で発表する活動に苦手意識をもっていましたが，自分の考えを隣の席の友達に話したり，グループの友達と一緒に発表したりすることで達成感を味わったことをきっかけに，発表することに意欲的に取り組むことができるようになってきました。特に，地域で活躍している人を推薦するスピーチでは，推薦理由を明確に話すことができました。
自分の考えを書く力に伸びが見られる場合	○作文を書いたり俳句を作ったりする活動や，新聞に自分の考えをまとめる活動では，じっくり言葉を選びながら完成させることができるようになってきました。読書を通して得た知識や語彙を生かしながら，文章を書く力が高まってきています。
読む力に伸びが見られる場合	○説明文の内容を正確に読み，要旨を捉える力が向上しています。また，筆者の考えを，筆者が根拠に挙げた事実と結び付けて読み，それについての自分の考えをまとめることに意欲的に取り組むことができました。

（益子　一江）

1 観点ごとの所見文例

観点	文例
知識・技能	○詩や文章の中で用いられている比喩や反復，倒置などの表現の工夫に気付き，その効果について自分なりにまとめることができました。((1)ク) ○様々な情報の中から，原因と結果の関係を見いだし，結び付けて捉えることができました。((2)ア) ○親しみやすい古文や漢文などを音読したり，古典について書かれた解説文を読んだりして，昔の人のものの見方や考え方を理解することができました。((3)イ) ○日常的に読書に親しみ，自分を支える言葉を見付けたり，今までになかった考えを発見したりし，読書の意義を実感することができました。((3)オ)
思考・判断・表現	○話の中心を考え，内容に合わせて資料を効果的に提示しながら，スピーチをすることができました。（Aウ） ○書きたい事柄を整理し，読み手に分かりやすい表現になるように何度も推敲し，思いの伝わる文章を書くことができました。（Bオ） ○要旨を捉えて集めた情報から必要な情報を選んだり関係付けたりして，自分の考えを明確にすることができました。（Cオ） ○シリーズ作品と重ねたり，友達の考えとの共通点や相違点を見付けたりしながら作品を読み合い，自分の考えを広げることができました。（Cカ）
主体的に学習に取り組む態度	○問題を解決するために話合いの学習では，話合いを進めるには言葉をどのように用いるべきなのかに着目するとよいことに気付き，自分たちの話合いの現状と望ましい話合いとを比較して考えようとすることができました。 ○地域の施設のパンフレットを作る学習では，施設の魅力を多くの人に伝えたいという意欲をもち，必要な情報を集め，イラストや図を入れ工夫して書こうとすることができました。 ○物語を読む学習では，作品に対する疑問を解き明かしたり，課題を解決したりしようという意欲をもち，自分の考えをまとめたり話し合ったりしようとすることができました。

2　言語活動を通した学びを中心とした所見文例

言語活動例	文例
「学級討論会をしよう」	○「学級討論会をしよう」の学習では，自分の立場を明確にして発言しました。一つの問題を肯定・否定の両面から考えることによって，より多くの人が納得できる新しい解決策を見付けるきっかけになることに気付くことができました。
「意見を聞き合って考えを深め，意見文を書こう」	○「意見を聞き合って考えを深め，意見文を書こう」の学習では，どんな未来にしていきたいか意見を聞き合って考えを深めました。そして，自分の考えを主張するためには，何のために，どのようなことを，どのように書くのかを意識しながら書くことができました。
「読書座談会で作品のテーマについての考えを広げよう」	○「読書座談会で作品のテーマについての考えを広げよう」の学習では，立松和平の「いのちシリーズ」の作品を重ねて読み，優れた叙述について考えることを通して命の意味を多面的に捉えました。そして，「作者の考える命と自分の考える命」というテーマで友達と交流し，自分の考えを広げることができました。

3　個人内評価（年度当初と比較しての伸び）を中心とした所見文例

ケース例	文例
話し合う力に伸びが見られる場合	○話合いの司会者として，時間配分に注意し，決まったことを確認しながら結論を出せるような進め方ができました。学級のみんなが共通理解をし，課題解決に向かうことできるように，計画的に話し合うことができるようになってきました。
自分の考えを書く力に伸びが見られる場合	○意見文を書く学習で，文章の構成を考えて書くことの大切さを理解しました。事実と意見を関係付けたり，本から一部を引用したりするなど，自分の考えを明確に表現するための，文章全体を効果的に構成する力が身に付いてきています。
読む力に伸びが見られる場合	○説明文「自然に学ぶ暮らし」の学習後，自然や未来の暮らしについて書かれた本を進んで探して読みました。自分の考えを広げるために，主体的に図書資料を読む態度が身に付いてきました。

（益子　一江）

児童生徒の学習評価の在り方について（報告）

（2）観点別学習状況の評価の改善について

> 　答申では，「観点別評価については，目標に準拠した評価の実質化や，教科・校種を超えた共通理解に基づく組織的な取組を促す観点から，小・中・高等学校の各教科を通じて，『知識・技能』『思考・判断・表現』『主体的に学習に取り組む態度』の３観点に整理することとし，指導要録の様式を改善することが必要」とされている。
>
> 　また，「資質・能力のバランスのとれた学習評価を行っていくためには，指導と評価の一体化を図る中で，論述やレポートの作成，発表，グループでの話合い，作品の制作等といった多様な活動に取り組ませるパフォーマンス評価などを取り入れ，ペーパーテストの結果にとどまらない，多面的・多角的な評価を行っていくことが必要である」とされている。

①観点別学習状況の評価について

○　今回の学習指導要領改訂では，各教科等の目標や内容を「知識及び技能」「思考力，判断力，表現力等」「学びに向かう力，人間性等」の資質・能力の三つの柱で再整理している。

　これらの資質・能力に関わる「知識・技能」「思考・判断・表現」「主体的に学習に取り組む態度」の観点別学習状況の評価の実施に際しては，このような学習指導要領の規定に沿って評価規準を作成し，各教科等の特質を踏まえて適切に評価方法等を工夫することにより，学習評価の結果が児童生徒の学習や教師による指導の改善に生きるものとすることが重要である。

○　また，これまで各学校において取り組まれてきた観点別学習状況の評価やそれに基づく学習や指導の改善の更なる定着につなげる観点からも，評価の段階及び表示の方法については，現行と同様に３段階（ＡＢＣ）とすることが適当である。

②「知識・技能」の評価について

○　「知識・技能」の評価は，各教科等における学習の過程を通した知識及び技能の習得状況について評価を行うとともに，それらを既有の知識及び技能と関連付けたり活用したりする中で，他の学習や生活の場面でも活用できる程度に概念等を理解したり，技能を習得したりしているかについて評価するものである。

○　このような考え方は，現行の評価の観点である「知識・理解」（各教科等において習得

すべき知識や重要な概念等を理解しているかを評価)，「技能」(各教科等において習得すべき技能を児童生徒が身に付けているかを評価) においても重視してきたところであるが，新しい学習指導要領に示された知識及び技能に関わる目標や内容の規定を踏まえ，各教科等の特質[12]に応じた評価方法の工夫改善を進めることが重要である。

　具体的な評価方法としては，ペーパーテストにおいて，事実的な知識の習得を問う問題と，知識の概念的な理解を問う問題とのバランスに配慮するなどの工夫改善を図るとともに，例えば，児童生徒が文章による説明をしたり，各教科等の内容の特質に応じて，観察・実験をしたり，式やグラフで表現したりするなど実際に知識や技能を用いる場面を設けるなど，多様な方法を適切に取り入れていくことが考えられる。

③ 「思考・判断・表現」の評価について

○　「思考・判断・表現」の評価は，各教科等の知識及び技能を活用して課題を解決する等[13]のために必要な思考力，判断力，表現力等を身に付けているかどうかを評価するものである。

○　このような考え方は，現行の「思考・判断・表現」の観点においても重視してきたところであるが，新学習指導要領に示された，各教科等における思考力，判断力，表現力等に関わる目標や内容の規定を踏まえ，各教科等の特質に応じた評価方法の工夫改善を進めることが重要である。

○　具体的な評価方法としては，ペーパーテストのみならず，論述やレポートの作成，発表，グループでの話合い，作品の制作や表現等の多様な活動を取り入れたり，それらを集めたポートフォリオを活用したりするなど評価方法を工夫することが考えられる。

12　例えば，芸術系教科の「知識」については，一人一人が感性などを働かせて様々なことを感じ取りながら考え，自分なりに理解し，表現したり鑑賞したりする喜びにつながっていくものであることに留意することが重要である。

13　その際，小学校学習指導要領解説総則編 (平成29年7月文部科学省P37) における以下の指摘を踏まえることが重要である。

「『知識及び技能を活用して課題を解決する』という過程については，中央教育審議会答申が指摘するように，大きく分類して次の三つがあると考えられる。

・　物事の中から問題を見いだし，その問題を定義し解決の方向性を決定し，解決方法を探して計画を立て，結果を予測しながら実行し，振り返って次の問題発見・解決につなげていく過程

・　精査した情報を基に自分の考えを形成し，文章や発話によって表現したり，目的や場面，状況等に応じて互いの考えを適切に伝え合い，多様な考えを理解したり，集団としての考えを形成したりしていく過程

・　思いや考えを基に構想し，意味や価値を創造していく過程」

各教科等において求められる「思考力，判断力，表現力等」を育成していく上では，こうした学習過程の違いに留意することが重要である。

④ 「主体的に学習に取り組む態度」の評価について

> 答申では，「『主体的に学習に取り組む態度』と，資質・能力の柱である『学びに向かう力・人間性』の関係については，『学びに向かう力・人間性』には①『主体的に学習に取り組む態度』として観点別評価（学習状況を分析的に捉える）を通じて見取ることができる部分と，②観点別評価や評定にはなじまず，こうした評価では示しきれないことから個人内評価（個人のよい点や可能性，進歩の状況について評価する）を通じて見取る部分があることに留意する必要がある」とされている。
>
> また，「主体的に学習に取り組む態度」については，挙手の回数やノートの取り方などの形式的な活動ではなく，児童生徒が「子供たちが自ら学習の目標を持ち，進め方を見直しながら学習を進め，その過程を評価して新たな学習につなげるといった，学習に関する自己調整を行いながら，粘り強く知識・技能を獲得したり思考・判断・表現しようとしたりしているかどうかという，意思的な側面を捉えて評価することが求められる」とされている。
>
> また，答申において，「このことは現行の『関心・意欲・態度』の観点についても同じ趣旨であるが」，上述のような「誤解が払拭しきれていないのではないか，という問題点が長年指摘され現在に至ることから，『関心・意欲・態度』を改め『主体的に学習に取り組む態度』としたものである」と指摘されている。

ア）「学びに向かう力，人間性等」との関係

○　答申では「学びに向かう力，人間性等」には，①「主体的に学習に取り組む態度」として観点別評価を通じて見取ることができる部分と，②観点別評価や評定にはなじまず，こうした評価では示しきれないことから個人内評価を通じて見取る部分があることに留意する必要があるとされており，新学習指導要領に示された，各教科等における学びに向かう力，人間性等に関わる目標や内容の規定[14]を踏まえ，各教科等の特質に応じた評価方法の工夫改善を進めることが重要である。

○　また，答申が指摘するとおり「学びに向かう力，人間性等」は，知識及び技能，思考力，判断力，表現力等をどのような方向性で働かせていくかを決定付ける重要な要素であり，学習評価と学習指導を通じて「学びに向かう力，人間性等」の涵養を図ることは，生涯にわたり学習する基盤を形成する上でも極めて重要である。

○　したがって，「主体的に学習に取り組む態度」の評価とそれに基づく学習や指導の改善を考える際には，生涯にわたり学習する基盤を培う視点をもつことが重要である。このことに関して，心理学や教育学等の学問的な発展に伴って，自己の感情や行動を統制する能力，自らの思考の過程等を客観的に捉える力（いわゆるメタ認知）など，学習に関する自

己調整にかかわるスキルなどが重視されていることにも留意する必要がある。

イ）「主体的に学習に取り組む態度」の評価の基本的な考え方

○　以上を踏まえると，「主体的に学習に取り組む態度」の評価に際しては，単に継続的な行動や積極的な発言等を行うなど，性格や行動面の傾向を評価するということではなく，各教科等の「主体的に学習に取り組む態度」に係る評価の観点の趣旨に照らして，知識及び技能を獲得したり，思考力，判断力，表現力等を身に付けたりするために，自らの学習状況を把握し，学習の進め方について試行錯誤するなど自らの学習を調整しながら，学ぼうとしているかどうかという意思的な側面を評価することが重要である。

現行の「関心・意欲・態度」の観点も，各教科等の学習内容に関心をもつことのみならず，よりよく学ぼうとする意欲をもって学習に取り組む態度を評価するのが，その本来の趣旨である。したがって，こうした考え方は従来から重視されてきたものであり，この点を「主体的に学習に取り組む態度」として改めて強調するものである。

○　本観点に基づく評価としては，「主体的に学習に取り組む態度」に係る各教科等の評価の観点の趣旨に照らし，

　　①知識及び技能を獲得したり，思考力，判断力，表現力等を身に付けたりすることに向けた粘り強い取組を行おうとする側面と，

　　②①の粘り強い取組を行う中で，自らの学習を調整しようとする側面，

という二つの側面を評価することが[15]求められる。

14　各教科等によって，評価の対象に特性があることに留意する必要がある。例えば，体育・保健体育科の運動に関する領域においては，公正や協力などを，育成する「態度」として学習指導要領に位置付けており，各教科等の目標や内容に対応した学習評価が行われることとされている。

15　これら①②の姿は実際の教科等の学びの中では別々ではなく相互に関わり合いながら立ち現れるものと考えられることから，実際の評価の場面においては，双方の側面を一体的に見取ることも想定される。例えば，自らの学習を全く調整しようとせず粘り強く取り組み続ける姿や，粘り強さが全くない中で自らの学習を調整する姿は一般的ではない。

小学校，中学校，高等学校及び特別支援学校等における
児童生徒の学習評価及び指導要録の改善等について（通知）

1. 学習評価についての基本的な考え方

(1)カリキュラム・マネジメントの一環としての指導と評価

　「学習指導」と「学習評価」は学校の教育活動の根幹であり，教育課程に基づいて組織的かつ計画的に教育活動の質の向上を図る「カリキュラム・マネジメント」の中核的な役割を担っていること。

(2)主体的・対話的で深い学びの視点からの授業改善と評価

　指導と評価の一体化の観点から，新学習指導要領で重視している「主体的・対話的で深い学び」の視点からの授業改善を通して各教科等における資質・能力を確実に育成する上で，学習評価は重要な役割を担っていること。

(3)学習評価について指摘されている課題

　学習評価の現状としては，(1)及び(2)で述べたような教育課程の改善や授業改善の一連の過程に学習評価を適切に位置付けた学校運営の取組がなされる一方で，例えば，学校や教師の状況によっては，

・　学期末や学年末などの事後での評価に終始してしまうことが多く，評価の結果が児童生徒の具体的な学習改善につながっていない，

・　現行の「関心・意欲・態度」の観点について，挙手の回数や毎時間ノートをとっているかなど，性格や行動面の傾向が一時的に表出された場面を捉える評価であるような誤解が払拭しきれていない，

・　教師によって評価の方針が異なり，学習改善につなげにくい，

・　教師が評価のための「記録」に労力を割かれて，指導に注力できない，

・　相当な労力をかけて記述した指導要録が，次の学年や学校段階において十分に活用されていない，

　といった課題が指摘されていること。

(4)学習評価の改善の基本的な方向性

　(3)で述べた課題に応えるとともに，学校における働き方改革が喫緊の課題となっていることも踏まえ，次の基本的な考え方に立って，学習評価を真に意味のあるものとすることが重要であること。

【1】　児童生徒の学習改善につながるものにしていくこと

【2】　教師の指導改善につながるものにしていくこと

【3】　これまで慣行として行われてきたことでも，必要性・妥当性が認められないものは見直していくこと

　これに基づく主な改善点は次項以降に示すところによること。

２．学習評価の主な改善点について

(1)各教科等の目標及び内容を「知識及び技能」，「思考力，判断力，表現力等」，「学びに向かう力，人間性等」の資質・能力の三つの柱で再整理した新学習指導要領の下での指導と評価の一体化を推進する観点から，観点別学習状況の評価の観点についても，これらの資質・能力に関わる「知識・技能」，「思考・判断・表現」，「主体的に学習に取り組む態度」の３観点に整理して示し，設置者において，これに基づく適切な観点を設定することとしたこと。その際，「学びに向かう力，人間性等」については，「主体的に学習に取り組む態度」として観点別学習状況の評価を通じて見取ることができる部分と観点別学習状況の評価にはなじまず，個人内評価等を通じて見取る部分があることに留意する必要があることを明確にしたこと。

(2)「主体的に学習に取り組む態度」については，各教科等の観点の趣旨に照らし，知識及び技能を獲得したり，思考力，判断力，表現力等を身に付けたりすることに向けた粘り強い取組の中で，自らの学習を調整しようとしているかどうかを含めて評価することとしたこと（各教科等の観点の趣旨は，本通知の別紙４及び別紙５に示している）。

(3)学習評価の結果の活用に際しては，各教科等の児童生徒の学習状況を観点別に捉え，各教科等における学習状況を分析的に把握することが可能な観点別学習状況の評価と，各教科等の児童生徒の学習状況を総括的に捉え，教育課程全体における各教科等の学習状況を把握することが可能な評定の双方の特長を踏まえつつ，その後の指導の改善等を図ることが重要であることを明確にしたこと。

(4)特に高等学校及び特別支援学校（視覚障害，聴覚障害，肢体不自由又は病弱）高等部における各教科・科目の評価について，学習状況を分析的に捉える観点別学習状況の評価と，これらを総括的に捉える評定の両方について，学習指導要領に示す各教科・科目の目標に基づき学校が地域や生徒の実態に即して定めた当該教科・科目の目標や内容に照らし，その実現状況を評価する，目標に準拠した評価として実施することを明確にしたこと。

小学校国語科における「内容のまとまりごとの評価規準（例）」

I　第1学年及び第2学年
1　第1学年及び第2学年の目標と評価の観点及びその趣旨

目標	(1)	(2)	(3)
	日常生活に必要な国語の知識や技能を身に付けるとともに，我が国の言語文化に親しんだり理解したりすることができるようにする。	順序立てて考える力や感じたり想像したりする力を養い，日常生活における人との関わりの中で伝え合う力を高め，自分の思いや考えをもつことができるようにする。	言葉がもつよさを感じるとともに，楽しんで読書をし，国語を大切にして，思いや考えを伝え合おうとする態度を養う。

（小学校学習指導要領 P.28）

観点	知識・技能	思考・判断・表現	主体的に学習に取り組む態度
趣旨	日常生活に必要な国語の知識や技能を身に付けているとともに，我が国の言語文化に親しんだり理解したりしている。	「話すこと・聞くこと」，「書くこと」，「読むこと」の各領域において，順序立てて考える力や感じたり想像したりする力を養い，日常生活における人との関わりの中で伝え合う力を高め，自分の思いや考えをもっている。	言葉を通じて積極的に人と関わったり，思いや考えをもったりしながら，言葉がもつよさを感じようとしているとともに，楽しんで読書をし，言葉をよりよく使おうとしている。

（改善等通知　別紙4　P.1）

II　第3学年及び第4学年
1　第3学年及び第4学年の目標と評価の観点及びその趣旨

目標	(1)	(2)	(3)
	日常生活に必要な国語の知識や技能を身に付けるとともに，我が国の言語文化に親しんだり理解したりすることができるようにする。	筋道立てて考える力や豊かに感じたり想像したりする力を養い，日常生活における人との関わりの中で伝え合う力を高め，自分の思いや考えをまとめることができるようにする。	言葉がもつよさに気付くとともに，幅広く読書をし，国語を大切にして，思いや考えを伝え合おうとする態度を養う。

（小学校学習指導要領 P.31）

観点	知識・技能	思考・判断・表現	主体的に学習に取り組む態度
趣旨	日常生活に必要な国語の知識や技能を身に付けているとともに，我が国の言語文化に親しんだり理解したりしている。	「話すこと・聞くこと」，「書くこと」，「読むこと」の各領域において，筋道立てて考える力や豊かに感じたり想像したりする力を養い，日常生活における人との関わりの中で伝え合う力を高め，自分の思いや考えをまとめている。	言葉を通じて積極的に人と関わったり，思いや考えをまとめたりしながら，言葉がもつよさに気付こうとしているとともに，幅広く読書をし，言葉をよりよく使おうとしている。

（改善等通知　別紙4　P.2）

III　第5学年及び第6学年
1　第5学年及び第6学年の目標と評価の観点及びその趣旨

目標	(1)	(2)	(3)
	日常生活に必要な国語の知識や技能を身に付けるとともに，我が国の言語文化に親しんだり理解したりすることができるようにする。	筋道立てて考える力や豊かに感じたり想像したりする力を養い，日常生活における人との関わりの中で伝え合う力を高め，自分の思いや考えを広げることができるようにする。	言葉がもつよさを認識するとともに，進んで読書をし，国語の大切さを自覚して思いや考えを伝え合おうとする態度を養う。

（小学校学習指導要領 P.34）

観点	知識・技能	思考・判断・表現	主体的に学習に取り組む態度
趣旨	日常生活に必要な国語の知識や技能を身に付けているとともに，我が国の言語文化に親しんだり理解したりしている。	「話すこと・聞くこと」，「書くこと」，「読むこと」の各領域において，筋道立てて考える力や豊かに感じたり想像したりする力を養い，日常生活における人との関わりの中で伝え合う力を高め，自分の思いや考えを広げている。	言葉を通じて積極的に人と関わったり，思いや考えを広げたりしながら，言葉がもつよさを認識しようとしているとともに，進んで読書をし，言葉をよりよく使おうとしている。

（改善等通知　別紙4　P.2）

※　〔思考力，判断力，表現力等〕の各領域において育成を目指す資質・能力を明確にするため，「思考・判断・表現」の趣旨の冒頭に，「話すこと・聞くこと」，「書くこと」，「読むこと」の3領域を明示している。

小 学 校 児 童 指 導 要 録 （参考様式）

様式1（学籍に関する記録）

区分＼学年	1	2	3	4	5	6
学　級						
整理番号						

学　籍　の　記　録

児童	ふりがな		性別	入学・編入学等	年　月　日　第 1 学年　入学 第　学年編入学
	氏　名				
	生年月日	年　月　日生		転入学	年　月　日　第　学年転入学
	現住所				
保護者	ふりがな			転学・退学等	（　　年　月　　日） 　年　月　　日
	氏　名				
	現住所			卒　業	年　月　　日
入学前の経歴				進　学　先	

学　校　名 及　　　び 所　在　地 （分校名・所在地等）	

年　度	年度	年度	年度
区分＼学年	1	2	3
校長氏名印			
学級担任者 氏　名　印			
年　度	年度	年度	年度
区分＼学年	4	5	6
校長氏名印			
学級担任者 氏　名　印			

児　童　氏　名	学　校　名	区分＼学年	1	2	3	4	5	6
		学　級						
		整理番号						

各 教 科 の 学 習 の 記 録

教科	観　点＼学　年	1	2	3	4	5	6
国語	知識・技能						
	思考・判断・表現						
	主体的に学習に取り組む態度						
	評定						
社会	知識・技能						
	思考・判断・表現						
	主体的に学習に取り組む態度						
	評定						
算数	知識・技能						
	思考・判断・表現						
	主体的に学習に取り組む態度						
	評定						
理科	知識・技能						
	思考・判断・表現						
	主体的に学習に取り組む態度						
	評定						
生活	知識・技能						
	思考・判断・表現						
	主体的に学習に取り組む態度						
	評定						
音楽	知識・技能						
	思考・判断・表現						
	主体的に学習に取り組む態度						
	評定						
図画工作	知識・技能						
	思考・判断・表現						
	主体的に学習に取り組む態度						
	評定						
家庭	知識・技能						
	思考・判断・表現						
	主体的に学習に取り組む態度						
	評定						
体育	知識・技能						
	思考・判断・表現						
	主体的に学習に取り組む態度						
	評定						
外国語	知識・技能						
	思考・判断・表現						
	主体的に学習に取り組む態度						
	評定						

特 別 の 教 科 道 徳

学年	学習状況及び道徳性に係る成長の様子
1	
2	
3	
4	
5	
6	

外 国 語 活 動 の 記 録

学年	知識・技能	思考・判断・表現	主体的に学習に取り組む態度
3			
4			

総 合 的 な 学 習 の 時 間 の 記 録

学年	学習活動	観　点	評　価
3			
4			
5			
6			

特 別 活 動 の 記 録

内　容	観点＼学年	1	2	3	4	5	6
学級活動							
児童会活動							
クラブ活動							
学校行事							

児　童　氏　名

行　動　の　記　録

項　目 ＼ 学　年	1	2	3	4	5	6	項　目 ＼ 学　年	1	2	3	4	5	6
基本的な生活習慣							思いやり・協力						
健康・体力の向上							生命尊重・自然愛護						
自主・自律							勤労・奉仕						
責任感							公正・公平						
創意工夫							公共心・公徳心						

総　合　所　見　及　び　指　導　上　参　考　と　な　る　諸　事　項

第1学年		第4学年	
第2学年		第5学年	
第3学年		第6学年	

出　欠　の　記　録

区分 ＼ 学年	授業日数	出席停止・忌引等の日数	出席しなければならない日数	欠席日数	出席日数	備　　考
1						
2						
3						
4						
5						
6						

【執筆者一覧】（執筆順，所属先は執筆当時）

水戸部修治	京都女子大学教授
森本　康之	兵庫県神戸市立垂水小学校
伊藤　朋葉	神奈川県横浜市立並木中央小学校
安部　　茜	兵庫県神戸市立本山南小学校
本城　脩平	京都府京都市立下京渉成小学校
泉　亜弥子	大阪府枚方市立招提小学校
寺原　早智	兵庫県神戸市立本山第一小学校
松岡　　学	兵庫県神戸市立舞多聞小学校
下田代美樹	兵庫県神戸市立水木小学校
辻口　哲也	石川県金沢市立杜の里小学校
松崎　憂子	兵庫県尼崎市立立花西小学校
樋口　麻子	兵庫県神戸市立塩屋北小学校
高原　純恵	兵庫県神戸市立稗田小学校
山﨑　悦子	兵庫県神戸市立成徳小学校長
謝花しのぶ	沖縄県名護市立大北小学校
長井　美紀	兵庫県播磨町立播磨南小学校
益子　一江	秋田県横手市立十文字第一小学校

【編著者紹介】
水戸部　修治（みとべ　しゅうじ）
京都女子大学教授。
小学校教諭，県教育庁指導主事，山形大学地域教育文化学部准教授等を経て，文部科学省初等中等教育局教育課程課教科調査官，国立教育政策研究所教育課程研究センター総括研究官・教育課程調査官・学力調査官，平成29年４月より現職。専門は国語科教育学。平成10・20年版『小学校学習指導要領解説国語編』作成協力者。主な著書に，『教材研究から学習指導まで丸ごと分かる！小学校国語科　研究授業パーフェクトガイド』，『小学校　新学習指導要領　国語の授業づくり』，『平成29年版小学校新学習指導要領の展開　国語編』，『単元を貫く言語活動のすべてが分かる！　小学校国語科授業＆評価パーフェクトガイド』，『イラスト図解でひと目でわかる！小学校国語科　言語活動パーフェクトガイド（全３巻）』（明治図書）などがある。

評価規準作成から所見文例まで丸ごと分かる！
小学校国語新３観点の指導と評価パーフェクトガイド

2020年７月初版第１刷刊　Ⓒ編著者　水　戸　部　修　治
2021年１月初版第３刷刊　発行者　藤　原　光　政
　　　　　　　　　　　　発行所　明治図書出版株式会社
　　　　　　　　　　　　　　　　http://www.meijitosho.co.jp
　　　　　　　　　　　（企画）木山麻衣子（校正）有海有理
　　　　　　　　〒114-0023　東京都北区滝野川7-46-1
　　　　　　　　振替00160-5-151318　電話03(5907)6702
　　　　　　　　　　　ご注文窓口　電話03(5907)6668

＊検印省略　　　　組版所　藤　原　印　刷　株　式　会　社
本書の無断コピーは，著作権・出版権にふれます。ご注意ください。

Printed in Japan　　　　ISBN978-4-18-345917-6
もれなくクーポンがもらえる！読者アンケートはこちらから